narr **PRAXISBÜCHER**
Fremdsprachenunterricht konkret

Downloadmaterialien verfügbar unter:

www.narr-praxisbuecher.de

Bernd Klewitz

Scaffolding im Fremdsprachenunterricht

Unterrichtseinheiten Englisch für authentisches Lernen

narr\francke\attempto

Bibliografische Information der Deutschen Nationalbibliothek

Die Deutsche Nationalbibliothek verzeichnet diese Publikation in der Deutschen Nationalbibliografie; detaillierte bibliografische Daten sind im Internet über http://dnb.dnb.de abrufbar.

Dischingerweg 5 · D-72070 Tübingen

Gedruckt auf säurefreiem und alterungsbeständigem Werkdruckpapier.

Internet: www.narr-praxisbuecher.de
E-Mail: info@narr.de

Printed in Germany

ISSN 2509-5897
ISBN 978-3-8233-8009-2

Inhalt

Einführung
narr praxisbücher – Fremdsprachenunterricht konkret

Zur Konzeption

Im Mittelpunkt der Reihe *narr praxisbücher – Fremdsprachenunterricht konkret*, deren Herausgeberin ich bin, steht die Praxis des Lehrens und Lernens von Fremdsprachen an allgemeinbildenden Schulen. Zu einem großen Teil beziehen sich die Publikationen auf den Unterricht an Gymnasien, insbesondere wenn es um die Fremdsprachen Französisch, Spanisch und Italienisch geht. Geplant sind darüber hinaus auch Bände für Englisch an Haupt- und Regelschulen sowie für Englisch an beruflichen Schulen. Die Reihe *narr praxisbücher – Fremdsprachenunterricht konkret* stellt folglich in regelmäßiger Folge ausgearbeitete wissenschaftsorientierte Unterrichtseinheiten für den Fremdsprachenunterricht verschiedener Schulformen und Jahrgangsstufen bereit. Im Gegensatz zu einem in sich geschlossenen Modul sind Unterrichtseinheiten von der Lehrperson in Kenntnis des Kontextes konzipierte Lernangebote zu einem umfänglichen fachbezogenen Themenkomplex. Sie vereinigen Lehr- und Lernaktivitäten, die über oberflächliches Wissen hinaus konzeptuelles und vernetztes Lernen ermöglichen (vgl. Petrina 2007).

In den vergangenen Jahren ist es – nicht zuletzt wegen der gestiegenen Arbeitsbelastung – für Lehrpersonen immer schwieriger geworden, sich einen Überblick über die verschiedenen politischen Zielsetzungen und die vielfältigen Forschungsergebnisse zu verschaffen. Aufgrund des teils unzureichenden Praxisbezugs der Curricula einzelner Bundesländer ist es höchst aufwändig für Lehrerinnen und Lehrer, die politischen Vorgaben im Unterricht umzusetzen. Eine weitere Schwierigkeit besteht darin, wissenschaftliche Erkenntnisse hinreichend zu berücksichtigen.

Die einzelnen Unterrichtseinheiten der Reihe sind mit kurzen didaktisch-methodischen Hinweisen versehen. Vor jeder Unterrichtseinheit finden Sie:

- Angaben zu den anvisierten Zielen und (Teil-)Kompetenzen (mit Hinweisen bzw. kurzen Auszügen aus dem GeR und den KMK-Bildungsstandards);
- Hinweise zu Themen und Inhalten (mit kurzen Begründungen);
- Informationen zur Spracharbeit (Wortschatz und Grammatik);
- Unterrichtsstrategien und -techniken für Lehrende und Lernende;
- Vorgaben für den Einsatz unterschiedlicher, insbesondere digitaler, Medien;
- Erläuterungen zu Aktivitäten und Tests für formatives und summatives Feedback.

Alle Materialien für die Hand der Schülerinnen und Schüler sowie Zusatzinformationen für die Lehrperson sind über einen umfänglichen Download zugänglich. Durch den ausgewiesenen Praxisbezug können die vorliegenden Unterrichtseinheiten die tägliche Arbeit von Fremdsprachenlehrerinnen und -lehrern beträchtlich erleichtern. Dabei spielt es zunächst eine untergeordnete Rolle, ob die Lehrenden und ihre Schülerinnen und Schüler die Einheiten in der vorgegebenen Form erproben, sie stärker an ihren Lernkontext anpassen oder sie lediglich als Anregung verstehen.

Im Vergleich zu Unterrichtsvorschlägen, wie sie in großer Zahl in der Ratgeberliteratur zu finden sind, berücksichtigen die Unterrichtseinheiten der *narr praxisbücher* gebührend die neueren bildungspolitischen Vorgaben wie die KMK-Bildungsstandards (vgl. KMK 2004; 2005; 2012; zu den Abiturstandards vgl. De Florio-Hansen 2015: 173 ff.) und den Gemeinsamen europäischen Referenzrahmen für Sprachen (Europarat 2001). Während bei vielen Unterrichtsideen in den Fachzeitschriften die Ziele gar nicht angegeben werden, benennen wir – wie soeben ausgeführt – eindeutig Grob- und Feinziele sowie längerfristig anzustrebende Kompetenzen. Vor allem aber werden in den Einheiten einschlägige wissenschaftliche Erkenntnisse, insbesondere Ergebnisse der neueren Hirnforschung, konsequent umgesetzt (vgl. De Florio-Hansen 2014 a; 2014 b; 2015; 2016; vgl. auch Bansford et al. 2000; Sousa [4]2011).

Die Vorschläge in Fachzeitschriften, Ratgebern und Didaktiken stellen höchst unterschiedliche Bereiche des Fremdsprachenunterrichts in den Fokus, z. B. einzelne Fertigkeiten und Fähigkeiten, Wortschatz und Grammatik, interkulturelles Lernen oder Literatur. Oft gehen sie von einer Idee oder dem Material selbst aus. Zur Auflockerung des Unterrichts mögen solche Aktivitäten anregend sein, nachhaltiges Lernen bewirken sie jedoch nur in Ausnahmefällen. Im Gegensatz dazu orientieren sich alle Unterrichtseinheiten der Reihe *narr praxisbücher* an den wesentlichen Grundlagen eines innovativen Unterrichts. In den Einheiten bemühen wir uns um eine Integration und Kombination möglichst vieler Faktoren des Lehrens und Lernens von Fremdsprachen. Trotz des einheitlichen Aufbaus fehlen Differenzierungsvorschläge, Alternativen und Hinweise auf Transfermöglichkeiten selbstverständlich nicht.

Ausgangspunkt der Unterrichtsplanung und der pädagogisch-didaktischen Gestaltung aller Unterrichtseinheiten der *narr praxisbücher* ist das *backward design*. Während traditionelle Ansätze der Unterrichtsplanung in der Regel von inhaltlichen Lehrplanvorgaben ausgehen und darüber die Lernziele häufig aus den Augen verlieren, fokussiert das *backward design* auf die erwünschten Lernleistungen, also die zu erreichenden Ziele und Kompetenzen. Bereits bei der Planung wird festgelegt, was die Lernenden am Ende der Unterrichtsstunde bzw. der Einheit tatsächlich wissen und können (sollen) und welche Einstellungen bei der Kompetenzorientierung zumindest angebahnt werden (vgl. Weinert 1999; zu Kompetenzen mit Blick auf fremdsprachliche Bildung vgl. De Florio-Hansen 2015: 73 ff.).

Um sicherzustellen, dass die angestrebten Lernergebnisse auch tatsächlich von möglichst vielen Schülerinnen und Schülern erreicht werden, finden im Verlauf des Unterrichts zahlreiche kurze Evaluationen statt. Dieses formative Feedback hat nichts mit Testungen in Form von Klassenarbeiten/Klausuren oder offiziellen Vergleichsarbeiten, dem sogenannten summativen Feedback, zu tun. Vielmehr handelt es sich um Formen der Rückmeldung, durch die Lehrpersonen in Erfahrung bringen können, inwieweit die überwiegende Mehrheit der Schülerinnen und Schüler tatsächlich vom Unterrichtsangebot profitiert oder ob Umstrukturierungen bzw. Wiederholungen einzelner Teile notwendig sind (vgl. De Florio-Hansen 2014 a: 149 ff., 165 f.).

Der Unterschied zwischen diesen formativen Evaluationen und den abschließenden Testungen wird in den Unterrichtseinheiten durch entsprechende Beispiele verdeutlicht: Alle Unterrichtseinheiten enthalten kurze Feedback-Phasen, mit deren Hilfe die Lehrperson sich über die Fortschritte einzelner Lernender im Verlauf des Unterrichts Rechenschaft ablegen kann. Am Ende ausgewählter Unterrichtseinheiten gibt es darüber hinaus Vorschläge für das summative Feedback in Form von benoteten Ausarbeitungen oder Klassenarbeiten.

Unterrichtsplanung auf der Grundlage des MET (*Model of Effective Teaching*)

Bei der Gestaltung von Unterricht geht es vorrangig um das Was (*curriculum design*) und das Wie (*instructional design*) (vgl. Petrina 2007). Dabei sind die Interessen und Bedürfnisse der Lernenden, ihr weiteres Umfeld und der spezielle Lernkontext von herausragender Bedeutung. Hat die Lehrperson in Kenntnis ihrer Schülerinnen und Schüler sowie des Lernumfelds eine angemessene Auswahl der Lerninhalte getroffen und sie mit zielführenden Methoden und Medien verbunden, stellt sich die Frage nach der Abfolge der Schritte im Unterricht (*lesson design*).

Mit dem MET, einem Modell für effektives Lehren und erfolgreiches Lernen, habe ich ein übergreifendes Unterrichtsmodell vorgelegt, welches die soeben genannten Gesichtspunkte berücksichtigt (nähere Erläuterungen vgl. De Florio-Hansen 2014a: 68, 70f.; 2016: 110ff.).

MET (*Model of Effective Teaching*)

Planung

1. Auswahl von curricularen Kompetenzzielen, die an das bisher Gelernte anschließen, motivierend sind und einen Lebensbezug haben;
2. explizites Anknüpfen an das didaktische und lebensweltliche Vorwissen der Lernenden;
3. gegebenenfalls Unterteilung der angestrebten Teilkompetenzen in Teilkomponenten;
4. sorgfältige Planung von Darbietungs- und Übungsschritten;
5. Erarbeitung alternativer Präsentationsformen und Übungsformate.

Einstieg

6. Erläuterung der Ziele, der Lernintentionen und der Erfolgskriterien;
7. Darstellung des Werts der angestrebten Kompetenz bzw. der Teilkompetenzen;
8. Bestärkung der Schülerinnen und Schüler hinsichtlich der Erreichbarkeit der Ziele;
9. Förderung von Leistungsbereitschaft und Engagement durch einen motivierenden Aufhänger oder sonstige Hinweise.

Darbietung

10. Verständliche Erläuterung bzw. Demonstration der Lerninhalte durch die Lehrperson;
11. redundante Erklärungen, d.h. mehrmalige Erklärung desselben Inhalts oder Sachverhalts mit Hilfe variierender Formulierungen;
12. erhellende, schülernahe Beispiele;
13. Veranschaulichung der Lerninhalte durch Bilder, Graphiken, Tabellen sowie digitale Medien;
14. Präsentation der einzelnen Lösungsschritte anhand ausgearbeiteter Beispiele.

Fragen und Antworten

15. Rückversichernde Fragen der Lehrperson zur Überprüfung, ob und was die Lernenden (bisher) verstanden haben;
16. Eingehen auf Fragen der Schülerinnen und Schüler;
17. positive Haltung gegenüber Fehlern;
18. Fragen zum dargebotenen Lerninhalt, die allen Lernenden eine Beteiligung am Unterricht ermöglichen;
19. Wiederholung der Darbietung ganz oder in Teilen bei unzureichenden Lernergebnissen.

Angeleitetes Üben

20. Gestufte Übungsformate mit kurzen Selbsttests, die allen Lernenden eine Überprüfung der eigenen Lernergebnisse gestatten;
21. ausgearbeitete Beispiele mit Erläuterung der Lösungsschritte;
22. Festlegung der Sozialform (Einzelarbeit; Partnerarbeit; Kleingruppenarbeit);
23. gezieltes formatives Feedback für einzelne Schülerinnen und Schüler durch die Lehrperson;
24. kurze Erläuterungen für einzelne Lernende bei unzureichenden Lernergebnissen.

Selbstständiges Üben

25. Variationsreiche, wohldurchdachte Aufgabenformate für Vertiefung und Transfer;
26. De-Kontextualisierung: Variation der Kontexte für einen Transfer auf (neue) relevante Situationen;
27. Festlegung der Sozialform (Einzelarbeit; Partnerarbeit; Kleingruppenarbeit; gegebenenfalls als Hausaufgabe);
28. Feedback durch die Lehrperson oder durch Peers;
29. formative Evaluation durch Tests.

30. **Überleitung bzw. Zusammenfassung** (an unterschiedlichen Stellen je nach Unterrichtsphase).

Um die Lerninhalte dauerhaft zu sichern, ist – über die 30 Schritte des MET hinaus – ein ‚Überlernen' in größer werdenden zeitlichen Abständen unerlässlich. Für die Verankerung im Langzeitgedächtnis eignen sich kooperative und handlungsorientierte Lernformen, z. B. Projektarbeit, besonders gut (vgl. De Florio-Hansen 2014 a: 126 ff.).

Das MET basiert auf der Konzeption des Interaktiven Klassenunterrichts (*Interactive Whole-Class Teaching*), den viele Erziehungswissenschaftler, u. a. Rosenshine (1979), Marzano (1998), Wellenreuther (2004, [8]2015) und Hattie (2009; 2012), als Direkte Instruktion (*direct instruction*) bezeichnen. Dieser Begriff wird im deutschsprachigen Raum oft missverstanden. Lediglich ein sehr geringer Teil der Direkten Instruktion, nämlich die erste Darbietung eines bis dahin unbekannten Lerninhalts, wird explizit vom Lehrer gestaltet. Bei der genauen Durchsicht des MET kann man leicht feststellen, dass Interaktiver Klassenunterricht keineswegs mit Frontalunterricht (*didactic teaching*) gleichzusetzen ist, sondern ein breites Spektrum schülerorientierter bzw. lernerzentrierter Aktivitäten umfasst. Außerdem ist selbstständiges Lernen nur auf der Grundlage von Wissen und Können möglich.

Das MET knüpft an das *lesson design* von Madeline Cheek Hunter aus den 1970er Jahren an (vgl. u. a. Hunter 1984). Ursprünglich war es auf acht Schritte ausgelegt, die sich in abgewandelter und erweiterter Form bis heute in den meisten einschlägigen und empirisch überprüften Unterrichtsmodellen finden. Auch Hatties Unterrichtsmodell in sieben Schritten basiert auf den Vorgaben von Hunter, ohne dass Hattie die Autorin konkret benennt (vgl. Hattie 2009: 205 f.).

Das MET spezifiziert und erweitert diese Schritte, um Lehrpersonen zusätzliche Anregungen für die Auswahl von Inhalten und Methoden sowie die konkrete Unterrichtsgestaltung zu geben. Für die Wirksamkeit aller 30 Schritte gibt es zahlreiche wissenschaftliche Belege (vgl. u. a. Wellenreuther 2004, ^{8}2015; Hattie 2009). Dennoch spielen die einzelnen Schritte nicht in jeder Unterrichtsstunde eine Rolle, und vor allem sind sie je nach Zielen, Inhalten und Methoden unterschiedlich wichtig. Das zeigen die Unterrichtseinheiten in den einzelnen Bänden, die im Wesentlichen auf dem MET beruhen.

Lehrstrategien und -techniken

Über die Planungsschritte des MET hinaus beziehen wir bei der Konkretisierung der Unterrichtseinheiten Überlegungen zum Instruktionsdesign (*instructional design*) ein. Das Instruktionsdesign, d. h. die pädagogisch-didaktische Unterrichtsgestaltung, bezieht sich vorrangig auf das Wie. Es geht um die Schaffung von Lehr- und Lernerfahrungen, die den Erwerb von Wissen und Können effizienter, effektiver und motivierender machen. Beim Begriff ‚Effektivität' geht es um die tatsächlich erreichten Ergebnisse, während ‚Effizienz' die sinnvolle Nutzung der Unterrichtszeit betont.

Das *instructional design* ist in den 1950er Jahren entstanden. Ein Beispiel aus älterer Zeit ist sein Einsatz beim programmierten Lernen. Wie das *lesson design* hat das *instructional design* seit seiner Etablierung grundlegende Veränderungen erfahren. Einschlägige Modelle gehen seit geraumer Zeit größtenteils von Erkenntnissen der kognitiven Psychologie aus. Bei der Ausarbeitung verschiedener Modelle, dem *instructional systems development (ISD)*, spielen in jüngerer Zeit auch konstruktivistische Ansätze eine Rolle.

Das Instruktionsdesign wird nicht nur im schulischen Unterricht, sondern auch in der Erwachsenenbildung, z. B. beim Online-Training, häufig eingesetzt. Unter den zahlreichen Modellierungen, die sich im Lauf der Jahrzehnte herausgebildet haben, ist das *ADDIE*-Modell der Florida State University am einflussreichsten. In seiner aktualisierten Form umfasst es fünf aufeinander aufbauende Phasen: Sie reichen von der Analyse der Ausgangsbedingungen (1. *Analyze*) über die pädagogisch-didaktische Gestaltung (2. *Design*) und die konkrete Ausarbeitung der Lernaktivitäten (3. *Develop*) bis zur Erprobung des konzipierten Instruktionsdesigns (4. *Implement*) und seiner Evaluation (5. *Evaluate*).

Das *ADDIE*-Modell weist Ähnlichkeiten mit dem Ansatz von Hunter und folglich auch mit Teilen des MET auf. Es gibt aber auch entscheidende Unterschiede: In den Unterrichtseinheiten der *narr praxisbücher – Fremdsprachenunterricht konkret* vermeiden wir eine starre Abfolge der Planungsschritte und ihre stete Wiederholung, die den unterschiedlichen Lernkontexten sowie den einzelnen Lehrer- und Schülerpersönlichkeiten nicht gerecht würden.

Die kurz skizzierten Ansätze für die Unterrichtsplanung und die pädagogisch didaktische Gestaltung bilden die Grundlagen eines lernwirksamen wissenschaftsorientierten

Unterrichts, den wir mit unseren Unterrichtseinheiten anstreben. Der Begriff ‚wissenschaftsorientiert' ist nicht mit ‚wissenschaftsbasiert' gleichzusetzen. Eine rigide Ausrichtung an experimenteller, sogenannter evidenzbasierter, Forschung schränkt die Berücksichtigung sozialer und affektiver Lernaspekte aus unserer Sicht zu sehr ein. Vor allem aber wird eine ausschließlich evidenzbasierte Erziehung den Werten nicht gerecht, die wir mit schulischem Lernen verbinden (vgl. Kritik an Hattie bei De Florio-Hansen 2014 a: 34 f.).

Die pädagogisch-didaktische Gestaltung des Fremdsprachenunterrichts lässt sich – vereinfacht dargestellt – in drei Schritten zusammenfassen:

- Die **Einstiegsphase** umfasst alle Schritte bis zu dem Punkt, an dem die Lernenden sich mit dem konkreten Material und den entsprechenden Aktivitäten auseinandersetzen (MET, Schritte 1 – 14).
- Die **Interaktionsphase** bezieht sich auf Formen der Auseinandersetzung der Schülerinnen und Schüler mit dem Lernstoff in verschiedenen Sozialformen (MET, Schritte 15 – 29).
- In den **Evaluationsphasen** steht die kontinuierliche Überprüfung der Lernleistung im Vordergrund. Sie erfolgt durch wiederholtes Feedback im gesamten Unterricht sowie eine summative Evaluation am Ende der Einheit.

Diese drei Hauptphasen können auch im Verlauf des Unterrichts sozusagen im Miniformat immer wieder eingesetzt werden, da Unterricht trotz sorgfältiger Planung in der Regel nicht linear verläuft (vgl. Froelich 2009).

Aus diesem Instruktionsdesign ergeben sich für die Unterrichtseinheiten konkrete Vorschläge zum methodischen Vorgehen, wobei der Begriff ‚Methode' weitgehend vermieden wird. Seit der Jahrtausendwende ist die Ausrichtung an Methoden stark zurückgegangen, weil es ganz unterschiedliche Ausformungen von Methoden gibt, z. B. Ansätze wie die Grammatik-Übersetzungsmethode, Strategien wie das Lernen an Stationen oder Techniken wie das Gruppenpuzzle. Das Hauptproblem bei der bisherigen Auslegung und Anwendung von ‚Methoden' besteht jedoch darin, dass Methoden sich teilweise verselbstständigt haben. Immer wieder wird Methodenvielfalt gefordert. Dabei wird bisweilen übersehen, dass das methodische Vorgehen im Unterricht stark von den Zielen und Inhalten bestimmt wird.

Die Festlegung von Lehr- und Lernstrategien in Abhängigkeit von Zielen und Inhalten ist also eine Grundvoraussetzung für nachhaltiges Lernen. Hinzukommen muss jedoch die Ausrichtung am konkreten Lernkontext und vor allem an den individuellen Schülerinnen und Schülern. Wer über ein breites Methodenrepertoire verfügt, ist gut vorbereitet, aber nur selten in der Lage konzeptuelles und vernetztes Lernen zu fördern sowie nachhaltige Lernergebnisse für die überwiegende Mehrzahl der Lernenden zu erreichen.

Die Kompetenz der Lehrperson besteht darin, für ihre Schülerinnen und Schüler die erfolgversprechenden Lehr- und Lernstrategien flexibel auszuwählen. Das geschieht ab einer bestimmten Jahrgangsstufe am besten in zunehmend intensiverer Zusammenarbeit mit den jeweiligen Lernenden. Aber selbst wenn die Mehrzahl der genannten Prämissen eingelöst wird, liegt die Betonung immer auf der Flexibilität und der Umsicht bei der Auswahl. Lehr- und Lernstrategien (*instructional strategies*) sind lediglich Werkzeuge, deren Nutzung nicht zuletzt von den vielfältigen Ausprägungen aller am Unterricht beteiligten Personen abhängt.

Daher schlagen wir in unseren Unterrichtseinheiten an entscheidenden Stellen alternative Strategien und Techniken vor. Großen Stellenwert haben in allen unseren Einheiten die *instructional strategies*, deren Wirksamkeit in zahlreichen wissenschaftlichen Untersuchungen nachgewiesen wurde, z. B. herausfordernde, motivierende Ziele, Vorgabe beispielhafter Lösungen, Anwendung meta-kognitiver Strategien, rückversichernde Fragen zu den neu eingeführten Inhalten, kooperative Arbeitsformen, über größere Zeiträume verteiltes Üben sowie vor allem unterschiedliche Formen des Feedbacks (vgl. De Florio-Hansen 2014 a: 69). Diese wissenschaftsorientierten Lehr- und Lernstrategien werden im Rahmen der Unterrichtseinheiten an geeigneter Stelle näher erklärt.

Antworten auf die folgenden vier Fragen können Fremdsprachenlehrerinnen und -lehrern bei der Auswahl und Nutzung der vorliegenden Einheiten weiterhelfen:

1. Welcher übergeordnete Gedanke steht hinter der jeweiligen Unterrichtseinheit?
2. Wieso ist dieser Gedanke für das Fremdsprachenlernen richtungsweisend?
3. Warum sollten Lehrpersonen der Unterrichtseinheit Beachtung schenken?
4. Wie lässt sie sich – ganz oder in Teilen – in das eigene Unterrichtsangebot integrieren?

Inez De Florio-Hansen

Bibliographie

Bansford et al. (2000): *How People Learn: Brain, Mind, Experience, and School.* Expanded Edition. Washington, D. C.: National Academy Press.

De Florio, I. (2016): *Effective Teaching and Successful Learning. Bridging the Gap between Research and Practice.* Cambridge et al.: Cambridge University Press.

De Florio-Hansen, I. (2014 a): *Fremdsprachenunterricht lernwirksam gestalten. Mit Beispielen für Englisch, Französisch und Spanisch.* Tübingen: Narr (Narr Studienbücher).

De Florio-Hansen, I. (2014 b): *Lernwirksamer Unterricht. Eine praxisorientierte Anleitung.* Darmstadt: Wissenschaftliche Buchgesellschaft (WBG).

De Florio-Hansen, I. (2015): *Standards, Kompetenzen und fremdsprachliche Bildung. Beispiele für den Englisch- und Französischunterricht.* Tübingen: Narr (Narr Studienbücher).

Europarat (Hrsg.) (2001): *Gemeinsamer europäischer Referenzrahmen für Sprachen: lernen, lehren, beurteilen.* Berlin et al.: Langenscheidt.

Froelich, J. (2009): *Effective Lesson Design: A Basic Conceptual Outline. Using Looking at Learning to Improve School Performance*, 1 – 5 (http://www.lookingatlearning.org/lesson_design.html; letzter Zugriff Januar 2016).

Hattie, J. (2009): *Visible Learning. A synthesis of over 800 meta-analyses relating to achievement.* London & New York: Routledge.

Hattie, J. (2012): *Visible Learning for Teachers. Maximizing impact on learning.* London & New York: Routledge.

Hunter, Madeline Cheek (1984): "Knowing, Teaching, and Supervising." In: Hosford, P. (ed.): *Using What We Know About Teaching.* Alexandria, VA: ASCD, 169 – 192.

KMK (Sekretariat der Ständigen Konferenz der Kultusminister der Länder in der Bundesrepublik Deutschland) (2004): *Bildungsstandards für die erste Fremdsprache Englisch/Französisch für den Mittleren Schulabschluss.* München: Luchterhand.

KMK (Sekretariat der Ständigen Konferenz der Kultusminister der Länder in der Bundesrepublik Deutschland) (2005): *Bildungsstandards für die erste Fremdsprache Englisch/Französisch für den Hauptschulabschluss.* München: Luchterhand.

KMK (Sekretariat der Ständigen Konferenz der Kultusminister der Länder in der Bundesrepublik Deutschland) (2012): *Bildungsstandards für die Allgemeine Hochschulreife.* Berlin: KMK.

Marzano, R. J. (1998): *A theory-based meta-analysis of research on instruction.* Aurora, CO: Mid-Continent Regional Educational Lab.

Petrina, S. (2007): *Advanced Teaching Methods for the Technology Classroom.* Hershey, PA & London: Information Science publishing. (Vorabdruck Chap. 9: Curriculum and Instructional Design unter http://people.uwplatt.edu/~steck/Petrina%20Text/Chapter%209.pdf; letzter Zugriff Januar 2016).

Rosenshine, B. (1979): "Content, time and direct instruction." In: Peterson, P. L. & Walberg, H. L. (eds.): *Research on Teaching.* Berkeley, CA: McCutchan, 28–56.

Sousa, D. A. (^{4}2011): *How the Brain Learns.* Thousand Oaks, CA: Corwin.

Weinert, F. E. (1999): *Konzepte der Kompetenz.* Paris: OECD.

Wellenreuther, M. (2004, ^{8}2015): *Lehren und Lernen – aber wie? Empirisch- experimentelle Forschungen zum Lehren und Lernen im Unterricht.* Baltmannsweiler: Schneider Hohengehren.

Einleitung
Scaffolding als Lehr- und Lernstrategie

Die Metapher Scaffolding[1] wird im anglophonen Bereich genutzt, um ein helfendes Gerüst auf dem Weg zwischen Start und Ziel in einem Lernprozess zu beschreiben, der die Schüler[2] schrittweise zum selbstständigen Handeln befähigt. Und auch wenn der neuseeländische Erziehungswissenschaftler John Hattie diesen Begriff nicht benutzt, sondern sich auf seine Version von Feedback bezieht, so klingt das Resümee aus der Summe seiner Meta-Analysen durchaus verwandt: „To close the gap between where the students are and where we want them to be – that's the challenge". (Hattie 19. 4. 2012 in Toronto – https://www.youtube.com/watch?v=wl60iS-IwCg last accessed June 2016)

Scaffolding und die *Zone of Proximal Development* (ZPD)

In der deutschsprachigen Diskussion wird Scaffolding stellenweise den Unterrichtsmethoden zugeordnet, so z. B. bei Wellenreuther (2010: 181): „Scaffolding ist eine Erklärmethode". Die anglophone Pädagogik fasst Scaffolding allerdings unter dem Oberbegriff *instructional strategy* oder *instructional technique* (vgl. http://edglossary.org/scaffolding/; letzter Zugriff: Juni 2016), weil hier der Terminus *method* eine ganz andere Konnotation besitzt und nicht eine Vorgehensweise im Unterricht beschreibt, sondern das Fach selbst. Fragt ein australischer Lehrer eine Kollegin „Which method do you have?" ist die erwartete Antwort „I teach French and Science". (Zur Unterscheidung zwischen Methode und Lehr- und Lernstrategie vgl. Kapitel „zur Konzeption" von De Florio-Hansen, S. 12).
Als *instructional strategy* bezeichnet Scaffolding mithin eine besondere Form der Hilfestellung, die eng auf die einzelne Lerngruppe und deren Lernkontext abgestimmt ist. Die Hilfen orientieren sich an der *Zone of Proximal Development* (ZPD) im Sinne von Lev Vygotsky (1962). Diese Zone – in der deutschen Übertragung als Lern- und Entwicklungsbereich der Schüler zu fassen (bei Wellenreuther auch „Zone der nächsten Entwicklung", 2010: 179) – beschreibt die Lücke zwischen dem aktuellen und dem potenziellen Lernstand. Durch die Unterstützung der Lehrkraft gelingt es vielen Lernenden mehr Wissen und Können zu erwerben, als sie es auf sich selbst gestellt könnten (vgl. dazu und zu den Auswirkungen auf die Lehrerfortbildung De Florio-Hansen 2009: 27).
Scaffolding und ZPD sind keineswegs eine Neu-Erfindung, bedingt etwa durch den kompetenzorientierten Fremdsprachenunterricht (FU). Der Terminus Scaffolding geht zurück auf die Untersuchungen des amerikanischen Psychologen Jerome Bruner, der ebenso wie Vygotsky von einer aktiven Rolle des Erwachsenen – also der Lehrkraft im FU – bei der Förderung von Lernprozessen ausgeht. Bruner benutzte den Begriff Scaffolding seit

1 Scaffolding (auch *scaffold*) wird als Begriff in der internationalen Literatur genutzt, während eine deutsche Übersetzung – z. B. bei Recherchen – wenig zielführend ist (vgl. http://www.schulentwicklung.nrw.de/cms/sprachsensibler-fachunterricht/praxis/unterrichtsgestaltung.html; letzter Zugriff Juni 2016).

2 Aus Gründen der besseren Lesbarkeit wird das generische Maskulinum verwendet.

Mitte der 1970er Jahre, um damit Lernhilfen für Kinder zu beschreiben, die ein bestimmtes Ziel erreichen wollen und bei denen Erwachsene über Spielräume, Strukturierungen und deren Zurücknahme entscheiden. Insofern ist dieses Stützkonzept mit Vygotskys ZPD kompatibel, bei der es ebenfalls um den Zielbereich in Lernprozessen und die dorthin führenden Unterstützungsschritte geht, die von der Lehrkraft geplant und aus der Sichtweise der Lernenden erforderlich oder bereits überflüssig erscheinen.

Das pädagogische Konzept

Als pädagogisches Konzept wird Scaffolding aus der Perspektive und Interessenslage der Schüler begründet: „In education, **scaffolding** refers to a variety of instructional techniques used to move students progressively toward stronger understanding and, ultimately, greater independence in the learning process." (http://edglossary.org/scaffolding/; Hervorhebung im Original; letzter Zugriff Juni 2016) Lernen ist aus dieser Perspektive dann effektiv, wenn es in der ZPD der Schüler erfolgen kann:

Scaffolding is widely considered to be an essential element of effective teaching and all teachers – to a greater or lesser extend – almost certainly use various forms of instructional scaffolding in their teaching. In addition, scaffolding is often used to bridge learning gaps – i. e., the difference between what students have learned and what they are expected to know and be able to do at a certain point in their education. (ebd.; Hervorhebung im Original)

Die Folgen für den Fremdsprachenunterricht

Mit den Auswirkungen auf den FU hat sich vor allem die australische Erziehungswissenschaftlerin Pauline Gibbons (Sydney) beschäftigt. Nach ihrer Definition besteht der enge Zusammenhang zwischen Scaffolding und ZPD im sozio-kulturellen Kontext des Lernens:

This sociocultural approach to learning recognizes that, with assistance, learners can reach beyond what they can do unaided, participate in new situations and take on new roles.... This assisted performance is encapsulated in Vygotsky's notion of the zone of proximal development, or ZPD, which describes the 'gap' between what learners can do alone and what they can do with help from someone more skilled. This situated help is often known as 'scaffolding'. (Gibbons 2009: 15)

Gibbons hebt aber nicht nur den engen Zusammenhang zwischen Scaffolding und ZPD hervor, sondern betont auch den temporären Charakter des Support-Systems. In *Scaffolding Language. Scaffolding Learning* (Gibbons 2002) untersucht sie die Dynamik von Scaffolding in den sprachlichen Kernbereichen *speaking, listening, reading, writing* und bietet eine Fülle von *Scaffolding Approaches* an, die sich vor allem auf den integrierten Ansatz „Second Language Across the Curriculum" (Gibbons 2002: 51 ff.) beziehen und den in Australien populären bilingualen Unterricht unterstützen.

Unter Berufung auf Bruner (1978) räumt Gibbons zwar ein, dass Scaffolding die Freiheiten der Schüler eingrenzt, um sie bei der Aufgabenlösung in ihrer ZPD zu fokussieren: „the steps taken to reduce the degrees of freedom in carrying out tasks, so that the child can concentrate" (ebd. 10). Aber sie versteht dies nicht als Gängelung sondern plädiert gleichzeitig für einen Abbau der Unterstützungshilfen, wann immer es der erfolgte Lernprozess bereits zulässt. Die Lehrkraft erhält aus ihrer Sicht die Verantwortung für die Initiierung eines jeden neuen Lernschrittes, der auf den vorhandenen Kenntnissen aufbaut und sollte damit zugleich eine hohe Erwartungshaltung an die Lernprozesse verbinden. Bezogen auf den FU bedeutet dies nach Gibbons' Erfahrungen auch eine Neu-Orientierung:

In terms of ESL [English as a Second Language] students it suggests a somewhat different orientation to learning tasks than has often been the case in the past. Rather than simplifying the *task* (and ultimately risking a reductionist curriculum), we should instead reflect on the nature of the *scaffolding* that is being provided for learners to carry out the task. As far as possible, learners need to be engaged with authentic and cognitively challenging learning tasks: it is the nature of the support – support that is responsive to the particular demands made on children learning through the medium of a second language – that is critical for success. (ebd. 10 f., Hervorhebungen im Original)

Lehrkräfte und Schüler werden zu Dialogpartnern

Weil sich Lernprozesse weitgehend sprachlich vollziehen und kollaborativ und sozial erfolgen, werden Lehrkräfte und Schüler zu Dialogpartnern (eine Idee, die auch bei Hattie formuliert wird), die auf vorhandenen Wissensbeständen aufbauen und mit Hilfe von Scaffolding Ziele ansteuern, die für Schüler anderweitig nicht erreichbar wären. Dazu gehört auch, dass individuelle Lerner von Gruppenprozessen selbst profitieren: „students are scaffolded by the contribution of the group as a whole" (edb. 20,vgl. *reciprocal teaching* im Glossary). Nach Gibbons' Erfahrungen gilt dies vor allem für die Kernkompetenzen *reading and writing* „where students are constantly stretched in their language development" (ebd. 67).

Generell lassen sich zwei Ebenen des *support* unterscheiden: *explicit scaffolding* bezieht sich auf die Interaktionen im Unterrichtsprozess selbst, zum Beispiel durch die Unterstützung bestimmter Aktivitäten wie „translation, a story map, picture sequencing, dialogue journals, jumbled sentences" (ebd. 69 f.). Auf der Planungsebene und damit im *curriculum cycle* selbst kann Scaffolding angelegt werden durch "building knowledge of the topic, modelling the text, joint construction, independent writing" (ebd. 60).

Scaffolding-Strategien

Aus den Unterrichts-Beispielen von Gibbons lassen sich zwei Formen von Scaffolding-Strategien ableiten. Makro-Scaffolding bezieht sich auf eine Bedarfs- und Lernstands-analyse sowie die Unterrichtsplanung, Mikro-Scaffolding auf die Unterrichtsinteraktion selbst, die nicht nach dem Frage-Antwort-Schema organisiert wird, sondern die folgenden Prinzipien beachtet:

„Verlangsamung der Lehrer-Schüler-Interaktion, Gewährung von mehr Planungszeit für SchülerInnen, Variation der Interaktionsmuster/Schaffung authentischer Kommunikations-situationen, Aktives Zuhören durch die Lehrkraft, Re-Kodierung von Schüleräußerungen durch die Lehrkraft, Einbettung von Schüleräußerungen in größere konzeptionelle

Zusammenhänge". (http://www.schulentwicklung.nrw.de/cms/sprachsensibler-fachunterricht/praxis/unterrichtsgestaltung.html; letzter Zugriff Juni 2016)
Eine Differenzierung von Scaffolding-Strategien findet sich auch in konkretisierten deutschsprachigen Vorschlägen zu dieser Lehr- und Lernstrategie, und zwar als

- *Process Scaffolding* – mit Hinweisen und strukturierenden Anweisungen zu Arbeitsschritten und deren Abfolge;
- *Input Scaffolding* – mit der Nutzung von *information grids* und dem Ziel der Restrukturierung von in Texten enthaltenen Informationen, einem auf andere Texte übertragbaren Strukturierungsangebot, der Transparenz für ein Genre, dem Selbst-Entwerfen der *information grids*, Evaluationsaufgaben und Vorlagen für Kurzvorträge;
- *Output Scaffolding* – mit der Vorbereitung von Schülerdarstellungen. (vgl. Hallet 2012: 105 f.)

Möglichkeiten und Lernchancen

Bei der Frage nach den Möglichkeiten und Lernchancen des Scaffolding ist festzuhalten, dass Lernen dann erfolgreich ist, wenn neue Informationen in den vorhandenen Bestand an Kenntnissen und Fähigkeiten integriert werden können. Experten initiieren mit Scaffolding einen Prozess, der die Lücke zwischen dem Kenntnisstand der Lernenden und den erwünschten Lernergebnissen schließt. Die Scaffolding-Strategie impliziert *direct instruction* und Begleitung durch die Lehrkraft. Zur effektiven Umsetzung müssen all jene Informationen zur Verfügung gestellt werden, die Lerner zur Erfüllung einer Aufgabe benötigen. Dazu gehören eine detaillierte Beratung, die Fokussierung der Aufmerksamkeit, die Beachtung der Arbeitsschritte in dieser Lernumgebung. Mit diesen Hilfen werden Lerner dazu befähigt, sich auf ihre eigene Arbeit zu konzentrieren und ihre Aktivitäten zu planen und zu reflektieren.
Die *scaffolded instruction* folgt einer Lehr- und Lern-Strategie, in der den Lernenden neue Fähigkeiten und Fertigkeiten in Interaktionen vermittelt werden, die anderweitig nicht erreichbar wären. Die Lehrkraft (als *instructor*) stellt zu Beginn einer Lernphase einen reichhaltigen Support zur Verfügung und hilft damit den Lernern, ihr Verständnis von neuen Inhalten und Arbeitsprozessen zu entwickeln. Wenn Inhalte und Prozesse internalisiert sind, übernehmen die Lerner die Verantwortung für ihren Arbeitsprozess und die Kontrolle über die gemachten Fortschritte (z. B. durch *peer evaluation* oder *reciprocal reading*, vgl. Glossary). Damit entfällt die Notwendigkeit der Unterstützung und die Entfernung des Scaffold gibt für die Augen der Schüler den Blick frei auf die Arbeitsergebnisse und das Prozessverständnis.

Scaffolding und Operatoren (*task verbs*)

Ein noch wenig genutztes Instrument des Scaffolding findet sich bei den Operatoren, die bundesweit in den Abituraufgaben genutzt werden (vgl. Stark 2015: V-VII) und in einigen Bundesländern auch für die Sekundarstufe I entwickelt wurden (z. B. in Thüringen). Operatoren bestehen aus sog. *task verbs*, d. h. methodisch-didaktischen Arbeitshilfen, die ein bestimmtes Vorgehen nahelegen und für den Lernprozess entsprechende Hilfestellungen beinhalten. Sie entstammen unterschiedlichen inhaltlichen Anforderungsbereichen (AF) (AF I: Reproduktion, AF II: Analyse, AF III: Transfer) und regen gleichzeitig Lernstrategien an (*delineate, analyse, evaluate etc*). Selbst in den neueren Lehrwerken, die allesamt kompetenzorientiertem Unterricht verpflichtet sind und systematisch einzelnen *Units* bestimmte Lernaufgaben zuordnen, werden *task verbs* noch nicht hinreichend und systematisch genutzt. Hier liegt auch ein Schlüssel, um die behauptete grammatische Progression zu überwinden, die mittlerweile in der fachdidaktischen Diskussion äußerst kritisch gesehen wird. „Häufig wird ... [Sprachenlernen]... mit dem Postulat von Progression(en), einer vermeintlich logischen Abfolge von Lehr-/Lernschritten, die den Spracherwerb angeblich steuern" verbunden (Edelhoff 2010: 46). An Stelle ihrer nie bewiesenen Funktion (es wäre vielleicht schön, wenn es sie wirklich gäbe, genauso wie die beste Methode!) könnte eine inhaltliche Progression treten, die auf einer gestuften Abfolge von *task verbs* in den Anforderungsbereichen I bis III beruht.

Scaffolding und *Direct Instruction*

John Hatties Interpretation der Ergebnisse seiner Meta-Analysen (mit zunächst 138 dann 150 Erfolgsindikatoren) berührt einen Nerv der Diskussion über Unterrichtsentwicklung. Denn Hattie macht mit seinen Erfolgsindikatoren (bei ihm „Effektstärken"; vgl. dazu De Florio-Hansen 2014: 30) deutlich, dass er Unterricht primär durch die Augen der Schüler sieht und Entwicklungsbedarf vor allem in einer wenig ausgeprägten Feedback-Kultur unserer Schulen – als dialogisches Lernen mit der Lehrkraft – sieht. So gesehen ist die von ihm propagierte *Direct Instruction* (Hattie 2009: 207 f.) nicht ein Plädoyer für Frontalunterricht, sondern nur die andere Seite eines von Schülern her gedachten Scaffolding.
Zwei Impulse werden längerfristig wirksam bleiben: erstens die Neugestaltung des Lehrer-Schüler Feedbacks als dem wichtigsten Element einer lernwirksamen Unterrichtspraxis, zweitens das auf *Direct Instruction* basierende Unterrichtsmodell in sieben Schritten (vgl. Kapitel „zur Konzeption" von De Florio-Hansen, S. 11):

1. Ziele der Stunde benennen (*learning intentions*);
2. Erfolgskriterien (zum Können und Verständnis) definieren (*success criteria*);
3. Stoff präsentieren (*hooking attention*);
4. Schülerübungen (*input, modelling, checking*);
5. gelenkte Schülerübungen (*guided practice*);
6. Abschluss der Stunde (*conclusion of a lesson*);
7. freie Schülerübungen (*independent practice*).

In 30 Schritten zu einer lernwirksamen Unterrichtsgestaltung (Model of effective Teaching – MET; vgl. Kapitel „zur Konzeption" von De Florio-Hansen, S. 9 – 10) wird dieses Unterrichtsmodell differenziert, erweitert und wissenschaftlich begründet. Es wird den UEs dieser Narr Praxisbücher zugrunde gelegt und ist im Einleitungskapitel ausführlich dargestellt.

Unterrichtseinheiten mit Scaffolding

Scaffolding schließt als *missing link* die Lücke zwischen Start und Ziel im Lern- und Entwicklungsbereich (ZPD), stets mit Blick auf Unterrichtsziele, Kompetenzstufen, Inhalte und sprachlichen Fokus und – wo immer möglich – aus der Sichtweise der Schüler. Als Lehr- und Lernstrategie verstanden, wird sie zum Bindeglied zwischen effektivem Unterricht und optimalen Lernergebnissen. Das gilt zumal für einen kompetenzorientierten FU, weil hier das im Scaffolding angebotene Unterstützungssystem weit über den traditionellen Aufgabenapparat, die *work assignments* oder sogar die mit Operatoren versehenen *tasks* hinausgeht.
Dafür gibt es zwei Gründe:
Mit den *Can-do* Beschreibungen oder Kompetenz-Skalen des Gemeinsamen europäischen Referenzrahmens (GeR) von A1 bis C2 lässt sich für das Fremdsprachenlernen die ZPD relativ verlässlich und präzise beschreiben. Darauf gerichtet, kann Scaffolding im *task-based learning* und damit wirksamem *instructional cycle* verschiedene Formen und Funktionen übernehmen, die dem Spracherwerb als sozialem Prozess besonders gerecht werden.
In den hier vorgeschlagenen 15 UEs wird Scaffolding den unterschiedlichen Lernvoraussetzungen und Kompetenzerwartungen situativ und individualisiert angepasst. Dabei wird eine inhaltliche Progression der Operatoren exemplarisch präsentiert: Operatoren sind als *task verbs* den einzelnen Aufgaben zugeordnet und werden im *worksheet compass* jeweils im Überblick ausgewiesen. Je nach Lernkontext kann Scaffolding in den Lernsequenzen wirken als:

1. Fenster für authentische Situationen in Lehrwerken: in den UEs 1 bis 3 als *animals and nature, endangered habitats and Canadian nature parks, legends from Scotland*;
2. Boxenstopp im Training der einzelnen sprachlichen Teilfertigkeiten (*focus on form*): in den UEs 4 bis 5 als *tall poppy syndrome and heroes, measuring your media*;
3. Lernumfeld für *cultural studies* und landeskundliche Erfahrungen: in den UEs 6 bis 7 als *explorers and Aborigines, landmarks in games;*
4. Unterrichtsarrangement in der Behandlung von Sachtexten: in den UEs 8 bis 9 als *English traditions, Caledonia*;
5. Diskussionsgrundlage im Literaturunterricht: in der UE 10 als *Indian stereotypes*;
6. Steuerungselement in fremdsprachlichen Lernorten: in den UEs 11 bis 15 als *Asterix and the Picts, country profiles, Athens of the North, gorge walking, media's influence.*

Für jede der hier genannten Lernsequenzen wird in den dazu entwickelten Unterrichtseinheiten gezeigt, wie flexibel und dynamisch Scaffolding wirksam werden kann. Die dabei angebotenen Unterstützungssysteme verbinden als roter Faden authentische Materialien (als Ausgangspunkt des fremdsprachlichen Lernens) mit effektiver Lernsteuerung, die den Charakter der UEs in Lernaufgaben neu justieren. Weiterführend bei diesem Ansatz ist der Versuch, die allgemeine Definition von ZPD praxisorientiert auf die GeR-Standards zu beziehen und die Steuerungsfunktionen des Scaffolding in ihrer Vielfalt mit den Augen der Lernenden dialogisch zu konkretisieren, um damit die dialektische Beziehung zwischen *Direct Instruction* (nach Hattie) und Scaffolding zu nutzen.

Scaffolding als didaktisches Prinzip

Bei authentischen Lernaufgaben spielt Scaffolding deshalb eine zentrale Rolle, weil die in der ZPD angestrebten Kompetenzen mit dem *task-based learning* nicht nur verlässlich angebahnt werden können, sondern Scaffolding auch in dem dazu entwickelten *task cycle* in unterschiedlicher Form und Funktion genutzt wird. Dabei stehen die folgenden Aspekte wechselseitig und ergänzend im Vordergrund: „themenspezifisches Vorwissen aktivieren, Anleitung zur Analyse der Modelltexte einschließlich Verweis auf Erklärungen und Sprachübungen zur Grammatik, Anleitung für die Gruppenarbeit (Themenwahl, Textproduktion, Ergebnispräsentation)." (Hallet 2012: 72)
Insgesamt unterstützt Scaffolding den Lernprozess mit dem Aufbau von fachlicher und sprachlicher Kompetenz, wobei auch hier zwischen *Input und Output Scaffolding* unterschieden werden kann. Einerseits geht es um den Erwerb von Fachwissen, andererseits darum, das dazu notwendige Textverständnis zu sichern. Den Operatoren (wie bereits oben beschrieben) kommt hier eine zentrale Funktion zu, denn mit ihrer Hilfe wird „jede Fachaufgabe (*task oder activity*) gemäß Aufgabenstellung oder Arbeitsanweisung auf spezifische Arbeitsprozesse fokussiert" (Zydatiß 2010: 3).
Die dabei „kalkulierte Überforderung" (Fehling 2013: 17) beinhaltet die von Hattie thematisierten *challenges*, denen Schüler mit entsprechenden Stützangeboten gewachsen sind und die u. a. auch traditionelle Übungsformate beinhalten, wie z. B. *heads and tails, question loops, multiple matching, mazes, scrambled sentences* – (vgl. Glossary und UEs im Einzelnen). Die Arbeit mit authentischen Texten dient nicht nur dem Aufbau eines spezifischen Fachwortschatzes, sondern trägt auch „der Erkenntnis Rechnung, dass Lernen ein sozialer Prozess ist, in dem Wissen von den Akteuren gemeinsam im Kommunikationsprozess konstruiert wird" (ebd. 20).

Die Konstruktion authentischer Lernaufgaben

In der unterrichtspraktischen Umsetzung besteht die Dynamik von Scaffolding gerade darin, dass variationsreiche Methoden mit kognitiven Ansprüchen verbunden werden, die trotz aller Unterschiede eine Reihe von Gemeinsamkeiten aufweisen. Obgleich in unterschiedlichen Spracherwerbskulturen angesiedelt, operieren sie auf der Basis von ähnlichen Metaphern und Begriffen.
Lernaufgaben beruhen auf RATING; das Akronym beschreibt in Kurzform die Merkmale eines Kompetenzen fördernden FU und umfasst: **R**eal life situations, **A**uthentic materials, **T**ask based learning, **I**ndividualisation, **N**etworking in cooperative learning contexts, **G**eneral evaluation (vgl. dazu auch die LAAIKE-Prinzipien in: De Florio-Hansen/Klewitz 2010: 111). Diese Merkmale beschreiben genauer die Kriterien zur Konstruktion authentischer Lernaufgaben und werden hier auf Englisch wieder gegeben, damit sie in den angebotenen UEs leichter auffindbar sind; im Einzelnen:

6 notions of Scaffolding	**tools for Scaffolding**
context and issues, problems to be solved	worksheet compass; selecting and negotiating
challenging texts and other (digital) materials	discovering and unfolding the issue/problem
success criteria	teacher-student dialogue; formative and summative feedback
task cycle 1 (guided learning)	task verbs (Operatoren); breaking task in smaller, manageable parts, using think alouds and verbalising thought process, cues and prompts, modelling and worked examples, skimming & scanning; focus on form (aka form follows function)
task cycle 2 (experiential learning)	activating background knowledge; cooperative team work, dialogue among peers; research and self-assessment; reflecting the learning process
winding up & transfer	target activity: putting together what has been learned; coaching and presentation of results; summative assessment

Diese Stufen (*notions*) von Scaffolding lassen sich in einer Lernkurve auf die o. g. 30 Schritte einer lernwirksamen Unterrichtspraxis (also known as MET) beziehen. Sie beschreibt den Lern- und Entwicklungsbereich (ZPD) in seinen drei Dimensionen: horizontal als Prozess, vertikal als Unterstützungssystem und lateral als Beschreibung des Wissenszuwachses, der Hatties Modell des Feedback weitgehend entspricht und das die folgenden Fragen klärt:

1. Where am I going? – feed up
2. How am I going? – feed back
3. Where to next? – feed forward

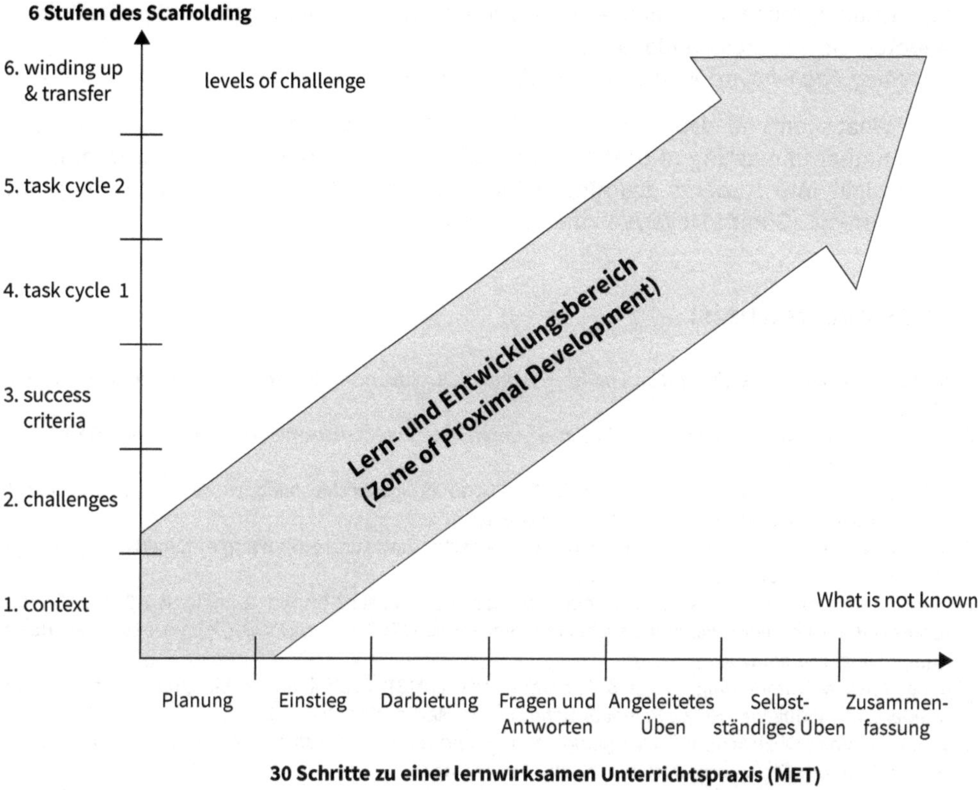

(adaptiert von: AUS VELS Levels 7–10)

Die Lernkurve ist insgesamt kompatibel mit den 10 Merkmalen „guten Unterrichts“ (nach Helmke 2006: 8):

	Merkmale der Unterrichtsqualität
1	Strukturiertheit, Klarheit, Verständlichkeit
2	Effiziente Klassenführung
3	Lernförderliches Unterrichtsklima
4	Ziel-, Wirkungs- und Kompetenzorientierung
5	Schülerorientierung, Unterstützung
6	Angemessene Variation von Methoden und Sozialformen
7	Förderung aktiven, selbstständigen Lernens
8	Konsolidierung, Sicherung, intelligentes Üben
9	Vielfältige Motivierung
10	Passung: Umgang mit heterogenen Lernvoraussetzungen

Diese fachübergreifenden Charakteristika von Unterrichtsqualität geben allen Scaffolding Angeboten ein sicheres Fundament.
In *Teaching English* wird Hattie entsprechend zitiert:

> "What seems needed is not another recipe for success, another quest for certainty, another unmasking of truth" (Hattie 2009: 237) but principles derived from better insight into students' learning to provide more effective ways of teaching and learning. (Grimm/Meyer/Volkmann 2015: 86)

Literaturverzeichnis:

Doff, Adrian & Ben Goldstein (2011): *English Unlimited C1. Advanced Coursebook.* Cambridge: University Press.

De Florio-Hansen, Inez (2014): *Lernwirksamer Unterricht. Eine praxisorientierte Anleitung.* Darmstadt: Wissenschaftliche Buchgesellschaft (WBG).

De Florio-Hansen, Inez & Klewitz, Bernd (2010): *Fortbildungshandreichung zu den Bildungsstandards Englisch und Französisch.* Kassel: university press.

De Florio-Hansen, Inez & Klewitz, Bernd (2009): Bildungsstandards und Empowerment. In: *Bildung Bewegt. Amt für Lehrerbildung*, 3/2009, 24–27.

Edelhoff, Christoph (2010): Wieviel Grammatik braucht der Mensch? In: Praxis Englisch 1/2010, 46–48.

Europarat (2001): *Gemeinsamer europäischer Referenzrahmen für Sprachen: lernen, lehren, beurteilen.* Berlin (u.a.): Langenscheidt.

Fehling, Anka & Hämmerling, Helga & Schramm, Uta (2013): Scaffolding in bilingualen Modulen. In: Biederstädt, Wolfgang (Hrsg). *Bilingual unterrichten.* Berlin: Cornelsen, 15–22.

Gibbons, Paulina (2002): *Scaffolding Language, Scaffolding Learning. Teaching Second Language Learners in the Mainstream Classroom.* Portsmouth NH: Heinemann.

Grimm, Nancy & Michael Meyer & Laurenz Volkmann (2015): *Teaching English (bachelor-wissen).* Tübingen: Narr.

Haß, Frank (2006): *Fachdidaktik Englisch.* Stuttgart: Klett.

Hallet, Wolfgang & Ulrich Krämer (Hrsg) (2012): *Kompetenzaufgaben im Englischunterricht. Grundlagen und Unterrichtsbeispiele.* Seelze: Klett.

Hattie, John (2009): *Visible Learning. A synthesis of over 800 meta-analyses relating to achievement.* London and New York: Routledge.

Hattie, John (2012): *Visible Learning for Teachers. Maximizing impact on learning.* London and New York: Routledge.

Helmke, Andreas & Friedrich W. Schrader (2006): Lehrerprofessionalität und Unterrichtsqualität. Den eigenen Unterricht reflektieren und beurteilen. In: *Schulmagazin* 5–10 (9), 5–12.

Hill, David A. (2000): Visual aids. In: Byram, Michael (ed.) (2000): Routledge *Encyclopedia of Language Teaching and Learning.* London/New York: Routledge.

Klewitz, Bernd (2015): Sprachmittlung als Lernaufgabe: Teaching English Through Pictures. In: De Florio-Hansen, Inez & Erwin Klein (Hrsg.) *Sprachmittlung im Fremdsprachenunterricht.* Giessen: Giessener Fremdsprachendidaktik: online 3, 29–58.

Klewitz, Bernd (2016): Bilder im Fremdsprachenunterricht: Exploring the visual stimulus. In: Reinfried, Marcus & Erwin Klein (Hrsg.) *Bilder im Fremdsprachenunterricht.* Giessen: Giessener Fremdsprachendidaktik: online 3, 128–175.

Rea, David & Clementson, Theresa et al. (2011): *English Unlimited B1+.* Cambridge: University Press.

Stark Verlag (Hg.) (2015): *Abitur 2016. Hessen Englisch.* Stark: Freising, V–VIII.

Surkamp, Carola (Hrsg.) (2010): *Metzler Lexikon Fremdsprachendidaktik.* Stuttgart: Metzler.

Thaler, Engelbert (2012): *Englisch unterrichten.* Berlin: Cornelsen.

VCAA (Victorian Curriculum and Assessment Autority) (Hrsg.) (2005 – 2014): LOTE-Handbook. In: http://ausvels.vcaa.vic.edu.au/, letzter Zugriff Juni 2016.
Vygotsky, Lev S. (1962): *Thought and Language.* Cambridge, MA: MIT Press.
Woltin, Alexander (2011): A picture is worth a thousand words … In: *Praxis Englisch* 5/2011, 45 – 46.
Zydatiß, Wolfgang (2010): Scaffolding im Bilingualen Unterricht: Inhaltliches, konzeptuelles und sprachliches Lernen stützen und integrieren. In: *Der Fremdsprachliche Unterricht: Englisch. Scaffolding im Bilingualen Unterricht.* Heft 106, Jahrgang 44, Juli 2010, Seelze/Velber: Friedrich Verlag, 2 – 6.

Unit 1: Animals and Nature

(Sek. I: 2./3. Lernjahr, A1/A2)

Allgemeine Erziehungsziele:

Respekt vor Tieren und deren natürlichen Lebensräumen;
Umweltbewusstsein, Nachhaltigkeit;
Perspektivenwechsel und kritische Urteilsfähigkeit;
Umgang mit Medien

Ziele fremdsprachlicher Bildung:

landeskundliche und interkulturelle Kenntnisse;
Geographie und Fauna/Flora in Zielsprachenländern;
Beschreibung von Eigenschaften und Zuordnung;
Lernorte kennenlernen und erforschen

Inhalte und Themen:

a zoo trail;
animal descriptions and landscapes;
who needs a zoo?

Fertigkeiten, Fähigkeiten, Anbahnung von Kompetenzen
GeR (Auszüge):

A1: Kann vertraute, alltägliche und ganz einfache Sätze verstehen und verwenden, die auf die Befriedigung konkreter Bedürfnisse zielen; kann sich auf einfache Art verständigen, wenn die Gesprächspartnerinnen oder Gesprächspartner langsam und deutlich sprechen und bereit sind zu helfen (Europarat 2001: 35); kann einfache, isolierte Wendungen und Sätze schreiben; (67 – 68); verfügt über einen elementaren Vorrat an einzelnen Wörtern und Wendungen, die sich auf bestimmte konkrete Situationen beziehen (112); kann Wörter oder Wortgruppen durch sehr einfache Konnektoren verbinden (125).
A2: Kann sich in einfachen, routinemäßigen Situationen verständigen(Europarat 2001: 35); kann eine eingeübte, kurze, einfache Präsentation zu einem vertrauten Thema vortragen (66); kann sich in einem Interview verständlich machen und Informationen und Ideen zu vertrauten Themen mitteilen (85); kann elementare Sprachfunktionen ausführen und auf sie reagieren (122).

Bildungsstandards Englisch/Französisch für den Mittleren Schulabschluss (Auszüge):

Einsicht in die Kulturabhängigkeit des eigenen Denkens, Handelns und Verhaltens sowie die Fähigkeit und Bereitschaft zur Wahrnehmung und Analyse fremdkultureller Perspektiven (KMK 2004: 10). Kann an Gesprächen über allgemeine Themen teilnehmen und Zugang zum kulturellen Leben finden, Informationsangebote der Medien nutzen, Sachtexte lesen und nach Informationen für ihr Sachinteresse auswerten, Ergebnisse der eigenen Arbeit präsentieren (9); die Schüler können mit einfachen Mitteln Gegenstände und Vorgänge des Alltags beschreiben (KMK 2004: 13); zusammenhängende Texte zu vertrauten Themen aus eigenem Interessengebiet verfassen (14); verschiedene Hör- und Lesetechniken auf unterschiedliche Textarten (z. B. Sachtexte, Artikel, literarische Kleinformen) anwenden (16); mit Hilfe von Stichworten, Gliederungen, Handlungsgeländern Texte mündlich vortragen oder schriftlich verfassen (17); selbstständig, mit einem Partner oder in Gruppen längere Zeit arbeiten (18).

Sprachfokus:

Sprachmittel für Tiere und ihre Eigenschaften sowie Lebensräume (Habitat);
thematisch orientierte Redemittel und Strukturen;
Informationen strukturieren und bearbeiten;
skimming und *scanning*;
Interviewtechniken;
*pictionary**, *podcast** erstellen

Lehr- und Lernstrategien:

identifying information, note taking, allocating information, conducting an interview, think-pair-share, creating pictionaries* and podcasts**

Evaluation:

formatives Feedback (im Rahmen der Lernaktivitäten) mit *allocations, quizzes, rubrics*; Auswertung von Präsentationen; summatives Feedback: Bewertung der *podcasts*

Scaffolding: Working with podcasts

Der Umgang mit digitalen Medien ist konstitutiver Bestandteil des Fremdsprachenunterrichts mit Lehrwerken und spielt, insbesondere in den Begleitmaterialien wie *workbooks, grammar guides* und *weblinks*, eine immer größere Rolle. Dabei können die Lernenden ihre eigenen *digital skills* sinnvoll nutzen, die denen der Lehrkräfte stellenweise durchaus ebenbürtig, wenn nicht überlegen sind. Die Erstellung eines *podcast* knüpft an diese Erfahrungen an, vertieft sie systematisch und nutzt die kommunikativen Möglichkeiten des kooperativen Lernens.
Insbesondere in den angelsächsischen Ländern ist die Erstellung von *podcasts* weit verbreitet; die Wortschöpfung *podcast* verweist auf den Entstehungsort als Kombination von *broadcast* und *ipod* (als Synonym für MP3-Spieler). Im schulischen Bereich liegen zahlreiche Beispiele vor, und im *Learning Network* der *New York Times* sind sie mit *lesson plans* sogar an prominenter Stelle als *skills practice* vertreten (http://learning.blogs.nytimes.com/2013/12/06/skills-practice-listening-and-taking-notes-via-times-podcasts/) (letzter Zugriff April 2016).

Jedes Smartphone kann ohne größeren Aufwand als Aufnahmegerät genutzt werden, so dass sich die Lernenden auf die kommunikativen Aspekte der Erarbeitung eines *podcast* konzentrieren können. Spezielle Websites weisen auf die dabei zu erwerbenden Kompetenzen hin: *research and write about current events; develop real-life, job-related skills; improving literacy skills; learn to work collaboratively in small groups; use current technology software to create a podcast* (z. B.: http://www.sedl.org/afterschool/toolkits/technology/pr_living_working.html?tab=sample%20lessons) (letzter Zugriff April 2016).
Im ***Glossary*** werden die zehn wichtigsten Schritte zur Erstellung eines *podcast* aufgeführt, für die Schülerhand finden Sie dazu ein eigenes Arbeitsblatt im Download.
Überlegungen zu weiteren Themen-*Scaffolds* (wie hier zum *podcasting*) werden den folgenden ausgewählten Unterrichtseinheiten (UE) zugeordnet, wann immer ein bestimmter Schwerpunkt im Vordergrund steht.

Zum Vorgehen

Grundsätzlich sind die Schritte des MET (*Model of Effective Teaching*; vgl. allgemeine Einführung) in mehrfacher Weise in die UEs eingebunden. In den *worksheets* folgen die fortlaufend nummerierten *tasks* bei Planung, Einstieg, Darbietung, Anwendungsphasen und Evaluation den *30 steps*, und diese werden systematisch bei den zu lösenden Aufgaben genutzt. Die Zielsetzung der *skills* und der Sprachfokus insgesamt entsprechen den jeder UE vorangestellten und benannten Standards des *Common European Framework for Languages (CEF)* von A 1 bis B 2+. Formative und summative Evaluation sind an einzelne *tasks* gebunden; die verwendeten Operatoren (*task verbs*) werden fett markiert und sind im *worksheet compass* jeweils als Überblick ausgewiesen.
Die einzelnen UEs enthalten in der Regel drei bis vier *worksheets*, wobei einige Aufgaben des jeweils letzten *worksheets* – begleitet von entsprechendem *Scaffolding* – als *additional activities* gestaltet sind. Diese bieten für lernstärkere Schüler die Gelegenheit, weitere Teilkompetenzen zu erwerben und von lehrergeleiteten Aktivitäten zur eher selbstständigen Auseinandersetzung mit den jeweiligen Materialien zu gelangen. Zu Beginn jedes *worksheets* finden sich *facilitated activities*, die je nach Einschätzung der Lerngruppe durch die Lehrkraft an den aktuellen Lernstand langsamer Lerner anzupassen sind. Damit wird die *Zone of Proximal Development* (ZPD) flexibler erfasst, um im Sinne von Vygotsky, Bruner und Hattie den *gap* zwischen aktuellem und angestrebtem Entwicklungsstand der Schüler mit einem differenzierten *Scaffolding* (in Hatties Terminologie „*Evaluation*") effektiv zu erfassen, zu begleiten und zu schließen. Dieser pädagogische Wirkungszusammenhang wurde im Einführungskapitel bereits genauer erläutert.
Die Lehr- und Lernstrategien erfolgen ebenfalls auf der Grundlage des oben genannten MET, das mit *six notions of scaffolding** korreliert wird (vgl. Graphik im *Glossary*) und eine effektive Lernkurve zur Gestaltung der ZPD veranschaulicht. Diese Strategien (jeweils mit * gekennzeichnet) sind abrufbar in einem „*Glossary of teaching strategies and learning skills*" am Ende der UEs. Es dient Lehrkräften und Lernenden dazu, sich die angestrebten Lernziele und Lernstrategien bewusst zu machen. Dieses in der Zielsprache formulierte Kompendium soll von den Schülern

selbst genutzt werden und kann an geeigneten Stellen Gegenstand des *classroom discourse* werden, um die Selbstregulierung des Lernens und das eigenständige Arbeiten zu fördern. Einzelne *Glossary*-Einträge sind besonders für eine Evaluation in *peer group-*, *teacher-student-* und *student-teacher*-Kontakten geeignet.

Übersicht UE 1: Animals and Nature

Mit diesem *advance organiser* kann gemeinsam mit der Lerngruppe ein erster Überblick über die vorgeschlagenen Teilthemen (Worksheets 1–3) und damit verbundenen Aufgaben erfolgen. Er beruht auf dem bei der Planung genutzten *backward design*:

Worksheet compass

phase	**activities of**		**additional activities**	**scaffolding**
	teachers	**students**		
planning	issues/problems to be solved	making selections	…	worksheet compass
	guiding questions and outcomes	learning goals evaluation	special tasks	working with pictures
complex task	Animals and nature	think-pair-share*, working in groups, presentations		research, gallery walk*, inside-outside circle* etc.
worksheet 1	A zoo trail	task 1: find task 2: describe	task 3: plan	zoo trip
worksheet 2	Animal descriptions and landscapes	task 4: pictionary* task 5: quiz* task 6: research	task 7: dialogue	relating, writing
worksheet 3	Who needs a zoo?	task 8: acting task 9: word bank*	task 10: interview	creating a podcast

Worksheet 1: A zoo trail

Task 1: Find these animals on the Melbourne Zoo map. Take notes and compare your findings in plenary. Then insert the solutions in the map you can download from Melbourne Zoo.

(http://www.zoo.org.au/melbourne/plan-your-visit/zoo-map) (last accessed July 2016)

1. Kangaroos	6. Lions	11. Butterflies	16. Kookaburras
2. Tapirs	7. Pelicans	12. Tigers	17. Tasmanian Devils
3. Leopards	8. Giraffes	13. Penguins	18. Wombats
4. Bears	9. Orang-utans	14. Platypus	19. Hippopotamus
5. Crocodiles	10. Elephants	15. Koalas	20. Emus

Task 2: Describe which animals belong to countries or continents you are familiar with (some will be found in more than one country or continent).
Enter the numbers into the boxes below!

a: North America	b: India	c: Africa ....
d: France	e: Germany	f: Asia ....
g: Japan	h: Tasmania	i: ....

Task 3: Plan your visit to Melbourne Zoo, selecting your favourite animals first. Take notes.

....

....

....

....

....

Worksheet 2: Animal descriptions and landscapes (2 pages)

Task 4: Find out about the habitats and typical features of your favourites. **Create** a pictionary* inserting pictures and typical landscapes:

My favourite animal	A typical landscape (=habitat)
	Australian savanna

Task 5: Animal quiz. **Find** the animals that fit the description. You can choose from this word bank, using it as a **scaffolding**:

koala – platypus – butterfly – lion – peacock – crocodile – hippopotamus – giraffe – kangaroo – elephant – kangaroo – tiger – kookaburra – emu – pelican

Mistaken for a teddy bear that never drinks and lives on trees ....

Water animal with soft beak ....

King of animals ....

Very quiet with thick hide ....

Tender and very colourful ....

This animal makes big jumps ....

Bird with a tailcoat ....

Animal with a very long neck ....

You don't want to meet this cat in the open ....

Bird that cannot fly ....

Don't brush its teeth ....

Many fish can end up in its beak ....

You can pet it, but only at night ....

Bird that laughs at us ....

You don't want to have its weight ....

Task 6: Animal landscapes

Fill in the rubrics, please – after doing some **research** on the Internet.

pictures to be inserted	**charac-teristics**	**body hair or hide**	**movements**	**food**	**cubs**	**habitat**
emu	tall bird	feathers	running fast, not flying	seeds, fruit, bark, nuts, stems, insects, small reptiles	from eggs	Austra-lian bushland
seal						
platypus						
koala						
kookaburra						
kangaroo						
wombat						
echidna						
butterfly						
penguin						

Task 7 (additional activity): How would you introduce your English speaking exchange partner to the idea of a Tiergarten and differences to a zoo in your home town? In English, write and act out a dialogue after getting some information about your local animal sanctuary.

Voc.: animal sanctuary – Tierheim, Freigehege

Worksheet 3: Who needs a zoo? (2 pages)

Task 8: Animals are not just for show!

Read the following conversation between Andrew and Annie. You can also act it out. Andrew from Luther College in Melbourne and his German exchange partner Annie from Marburg are going to meet for a picnic in Melbourne Zoo today. They are meeting at the main entrance between the flowerbeds and the zoo education centre. Last week Andrew's biology teacher started a project on "threatened animals and their habitat" with Annie attending his class, as well. So, before they begin their zoo visit she has a few questions:

Annie: I enjoyed what your teacher told us about the zoo in general. It's very similar in Germany. Animals are just not show pieces. But how does Melbourne Zoo provide for this?

Andrew: You will soon see that animals are not kept in cages here. They try to show them in their natural surroundings and give them space to move.

Annie: Really? I find that hard to believe. As far as I know, animals come from climates that are very diverse; from Africa, where it is very hot, or from Asia with very humid air. And what about animals that live by the sea?

Andrew: This is quite true. But in our zoo they have a lot of animals native to Australia. On one station you'll see Koalas on their beloved gum trees, the frogs have got their own pond, and there is a lot of bush land for all the kangaroos and emus.

Annie: That'll be very exciting to see. I've never been to the bush before! But have you got really wild and dangerous animals as well?

Andrew (chuckles): Of course we do. They cannot be missed in a zoo. Apart from that some are very much threatened by extinction. Here the zoo fulfils an important task.

Annie: As your teacher said already! Above all this seems to be true for the Sumatra tiger.

Andrew: Correct. Of this species there are only 400 left. And you will see some of them soon.

Annie: But it is not only the tigers which are an endangered species.

Andrew: You couldn't be more right. The same is true for the gorillas of which there used to be a great number in Borneo until recently. But also some types of butterflies. And you wouldn't believe this – even some frogs are going back in numbers.

Annie: I know, I know. The same is happening in Europe, because the natural habitat of frogs is declining – as a result of so many towns and motorways. That's why we call frogs the natural fire alarm of pollution.

Andrew: Fire alarm? I like it. But who is the fire brigade then?

Annie: We, it really is all of us. We just have to do more about preserving the environment. There is already a law in Germany that says: Whenever a road is being built – and you know about our big Autobahnen – there has to be some replacement, for example by a biotope of the same size.

Andrew: That sounds good to me. I will have to ask my biology teacher whether the same applies for Australia. But now let's go and see for ourselves. Enjoy!

Task 9: Word bank

Please select words unknown to you by using a dictionary, digital or printed, and enter them in this bank:

- ....
- ....
- ....
- ....
- ....
- ....
- ....
- ....
- ....
- ....
- ....
- ....
- ....

Task 10: Short list the points made about keeping animals in a zoological garden. You might want to sort them out into "pros" and "cons" – compare notes in plenary.

Task 11: Conduct an interview with one of the Melbourne zookeepers, bearing in mind your personal findings. Record and, adding animal sounds, create a podcast*.

Worksheets 1 – 3: Anregungen zum Vorgehen und Lösungen

Nutzung des *worksheet compass:*

Hier wird die UE im Überblick und versehen mit Operatoren dargestellt und die Arbeitsschritte in einen inhaltlichen Zusammenhang gebracht. Darüber hinaus kann der *compass* zur Verständigung über den Arbeitsprozess insgesamt dienen, d. h. Lehrkraft und Schüler verständigen sich über die Schwerpunkte, wählen diese aus und verhandeln ihre Vorgehensweise. Auch die Reihenfolge der *worksheets* ist in der Regel nicht festgelegt. Idealerweise erfolgt diese Verständigung in der Zielsprache und erleichtert der Lehrkraft die inhaltliche Hinführung zum Thema und Passung der UE.

Worksheet 1: A zoo trail

Task 1: Schüler tragen die Nummern der Tiere von 1 – 20 in die Melbourne Zoo Map ein und machen sich mit einem Rundgang durch den Zoo vertraut, als Vorbereitung für die Planung ihres virtuellen Zoo-Besuchs.

Task 2:

a: North America 4–5–11	b: India 2–3–4–5–6–7–9–10–11–12	c: Australia 1–4–5–7–11–13–14–15–16–17–18–20
d: Africa 3–5–6–7–8–10–11–12–13–19	e: France 7–11	f: Germany 4–11
g: Asia 2–3–4–5–6–7–8–9–10–11–12	h: Japan 3–9–11–12	i: Tasmania 1–14–16–17–18–20

Task 3: individuelle Lösungen

Worksheet 2: Animal descriptions and landscapes

Task 4: individuelle Lösungen – eine Anleitung zur Gestaltung des *pictionary* findet sich im *Glossary.*

Task 5:

Mistaken for a teddy bear that never drinks and lives on trees .... koala
Water animal with soft beak .... platypus
King of animals .... lion
Very quiet with thick hide .... elephant
Tender and very colourful .... butterfly
This animal makes big jumps .... kangaroo
Bird with a tailcoat .... peacock

Animal with a very long neck .... giraffe
You don't want to meet this cat in the open .... tiger
Bird that cannot fly .... emu
Don't brush its teeth .... crocodile
Many fish can end up in its beak .... pelican
You can pet it, but only at night .... wombat
Bird that laughs at us .... kookaburra
You don't want to have its weight .... hippopotamus

Task 6: Das Beispiel als *worked example* zeigt den Schülern, dass ihre individuellen Recherche-Ergebnisse keine ausführlichen Texte erfordern, Stichworte genügen.

Task 7 (additional activity): Der englische Dialog (in Task 8) bietet als *worked example* eine Vorlage für eine Mediation auf Deutsch. Der Austausch-Schüler kann damit seine deutschen Sprachkenntnisse erweitern, der Mediator seine englischen; Hinweise zur Mediation im *Glossary.*

Worksheet 3: Who needs a zoo?

Task 8: Der Dialog kann mit verteilten Rollen vorgelesen und, nach der Klärung des unbekannten Vokabulars (*task 9 – word bank*), auch als Rollenspiel vorgetragen werden – mit Stichworten oder auswendig gelernt.

Task 9: individuelle Lösungen

Die Erstellung der *word bank* sollte im Plenum erfolgen, wenn diese Arbeitsweise den Schülern noch nicht vertraut ist und die Arbeit mit (digitalen) Wörterbüchern eingeübt werden muss. Ein *scaffolding* dazu ist auch in den gängigen *Oxford/Cambridge dictionaries* zu finden.

Task 10: Short list

pro	**con**
no show pieces, animals not kept in cages, space to move, natural surroundings, native animals, species threatened by extinction	climates too diverse, wild and dangerous animals, not enough space, visitors will disturb them, prisoners

Task 11: Das Interview kann als Rollenspiel angelegt werden. Zunächst werden – auf der Grundlage des Dialogs (*task 8*) *profile cards* erstellt, auf denen Fragen und Antworten formuliert werden und in Kleingruppen erprobt werden sollen. Die Ergebnisse bilden das Rohmaterial für den zu entwickelnden *podcast**, werden mit Tiergeräuschen ergänzt und dann digital aufgenommen. Im *Glossary* wird der Zeitbedarf dazu genauer erläutert.

Unit 2: Endangered Habitats and Canadian Parks

(Sek. I: 2./3. Lernjahr, A1/A2)

Allgemeine Erziehungsziele:
Unterschiedliche Perspektiven verstehen und einnehmen;
Umweltbewusstsein, Nachhaltigkeit;
kulturelle Unterschiede;
Stellungnahmen, kritische Urteilsfähigkeit

Ziele fremdsprachlicher Bildung:
landeskundliche und interkulturelle Kenntnisse;
Geographie und Kultur in Zielsprachenländern;
Begründungen und Folgen erfassen;
Informationsverarbeitung

Inhalte und Themen:
reading totems;
animals in their habitat;
cartoon on global warming;
thrill seekers

Fertigkeiten, Fähigkeiten, Anbahnung von Kompetenzen
GeR (Auszüge):

A1: Kann vertraute, alltägliche und ganz einfache Sätze verstehen und verwenden, die auf die Befriedigung konkreter Bedürfnisse zielen; kann sich auf einfache Art verständigen, wenn die Gesprächspartnerinnen oder Gesprächspartner langsam und deutlich sprechen und bereit sind zu helfen (Europarat 2001: 35); kann einfache, isolierte Wendungen und Sätze schreiben; (67 – 68); verfügt über einen elementaren Vorrat an einzelnen Wörtern und Wendungen, die sich auf bestimmte konkrete Situationen beziehen (112); kann Wörter oder Wortgruppen durch sehr einfache Konnektoren verbinden (125).
A2**:** Kann sich in einfachen, routinemäßigen Situationen verständigen (Europarat 2001: 35); kann eine eingeübte, kurze, einfache Präsentation zu einem vertrauten Thema vortragen (66); kann sich in einem Interview verständlich machen und Informationen und Ideen zu vertrauten Themen mitteilen (85); kann elementare Sprachfunktionen ausführen und auf sie reagieren (122).

Bildungsstandards Englisch/Französisch für den Mittleren Schulabschluss
(Auszüge):

Kann mit einfachen Mitteln Gegenstände und Vorgänge des Alltags beschreiben … (KMK 2004: 13); zusammenhängende Texte zu vertrauten Themen aus eigenem Interessengebiet verfassen (14); Fähigkeit und Bereitschaft zur Wahrnehmung und Analyse fremdkultureller Perspektiven (16); Schüler sind neugierig auf Fremdes, aufgeschlossen für andere Kulturen und akzeptieren kulturelle Vielfalt (16); mit Hilfe von Stichworten, Gliederungen, Handlungsgeländern Texte mündlich vortragen oder schriftlich verfassen (17); selbstständig, mit einem Partner oder in Gruppen längere Zeit arbeiten (18).

Sprachfokus:

Sprachmittel für Tiere und ihre Eigenschaften sowie Lebensräume (Habitat); thematisch orientierte Redemittel und Strukturen;
Informationen strukturieren und bearbeiten; *skimming* und *scanning**;
Zusammenhänge herstellen; Positionen aushandeln und vortragen

Lehr- und Lernstrategien:

identifying information, note taking, allocating information, think-pair-share, participating in discussions, amending pictionary**

Evaluation:

formatives Feedback (im Rahmen der Lernaktivitäten) mit *word banks*, allocations, rubrics;* Auswertung von Präsentationen; summatives Feedback: Bewertung der *discussion* und des *pictionary**

Zum Vorgehen allgemein und zur Nutzung des *worksheet compass* siehe Unit 1.

Übersicht UE 2: Endangered Habitats and Canadian Parks

Worksheet compass

phase	activities of		additional activities	scaffolding
	teachers	**students**		
planning	issues/problems to be solved	making selections	...	worksheet compass
	guiding questions and outcomes	learning goals evaluation	special tasks	...
complex task	Endangered habitats and Canadian parks	think-pair-share*, working in groups, presentations		research, gallery walk*, bus stop, inside-outside circle* etc
worksheet 1	Reading totems	task 1: skim*	task 2: explain	relating; writing
worksheet 2	Animals in their habitat	task 3: locate		
worksheet 3	Cartoon on global warming	task 4: explain task 5: describe	task 6: analyse task 7: explain task 8: compare task 9: explain	amending pictionary* word bank*
worksheet 4	Thrill seekers	task 10: explain	task 11: discuss	pro/con discussion

Worksheet 1: Reading totems (2 pages)

Task 1: You can find these totem poles in Stanley Park Vancouver, made by Canadian First Nation people. They show human as well as animal faces. Please, have a closer look at the different totem poles and **skim*** the connected text; underline words unknown to you and fill in the given word bank below.

Totem poles in Stanley Park, Vancouver

Most First Nation groups lack formal written history as we know it. So centuries of traditions live on through creations such as totem poles. Totems are part of the Canadian Indians' (best called First Nations) art and express ideas of their culture, religion and history. Whereas Europeans wrote down their history, the First Nations used totem poles to express the same. To First Nations, social ceremony was very important and part of their daily lives. One of these ceremonies were potlatches – held to give away gifts and select community leaders. These potlatches were banned by the white government in the 1880 s – trying to suppress Indian culture – and the bans lifted only in 1951.
The carving of totem poles was made very difficult after the Canadian government had outlawed the potlatch ceremony. Most totems only last 60 to 80 years, though some on the Queen Charlotte Islands are more than 100 years old. When a totem falls, tradition says that it should be left there until another is erected in its place.

Word bank:

Please, select those words unknown to you and check their meaning in a dictionary, digital or printed. Enter them in this box:

....

....

Task 2: Find out and **explain** what these totem poles show and mean and why they were built. A tourist guide for British Columbia shows a number of totem animals. On the table below you'll find the names of some of them and their meanings, which you can complete and extend.

Table: Animals on a totem pole and their meanings:

	First Nations belief	**European belief**
black bear	protector, guardian and spiritual link between humans and animals	"teddy bear", children's toy, friendly ...
beaver	is very busy, shows wisdom and independence	protected, lives on river banks, not the friend of farmers
eagle		
frog	represents adaptability, the ability to live in both natural and supernatural worlds	endangered species, special runs have to be built to keep cars from driving over them
hummingbird		Kolibri ...
killer whale	symbolises dignity and strength (often depicted as a reincarnated spirit of a great chief)	Moby Dick
raven		
salmon		
shark		not the surfers' friend ...
thunderbird	represents the wisdom of proud ancestors	not known in Europe, only found in zoos as "Donnervogel"
...		

Voc.: guardian: Beschützer, Wächter

Adapted from: Ryan Ver Bermoes, John Lee (2001). British Columbia & the Yukon, Lonely Planet.

Worksheet 2: Animals in their habitat

Task 3: Building on the scaffolding below, you can then **locate** the totem animals in their natural habitat and find out more about the locations they can be typically found in. Write down short descriptions and swap with a neighbour and/or in class. Add your findings to the **pictionary*** (from unit 1).

Scaffolding:

Animals and their habitats

- Black bear – lives in forests, untamed wilderness, attracted by rubbish dumps, dangerous when attacked …
- Beaver – river banks, digs burrows, blocks water flow, declining numbers because of irrigated regions, recently endangered by fracking industry …
- Eagle – open woodland, rocky mountains, sea side, endangered species, used to be hunted for ceremonial feathers …
- Frog – woodland, swamps, marshes, declining numbers, thought to be the fire brigade of nature because of man-made changes …
- Humming bird – exotic bird, rarely seen in natures, often kept in nature reserves
- Killer whale – one of many species, biggest sea animals, whale watching popular on Canadian west coast …

Voc.: untamed – ungezähmt; irrigated – künstlich bewässert; fracking – Verfahren zur Gasförderung aus großen Gesteinstiefen

My favourite animal	**A typical landscape (=habitat)**
....	
....	
....	

Worksheet 3: Cartoon on global warming (2 pages)

Going through the process of think-pair-share*, work with this cartoon by using the scaffolding above and note your findings for discussion in plenary.

Scaffolding:

Working with a cartoon

1. Content: explaining possible issues and/or general topics the cartoon contains.
2. Context: detailing a description of the images, persons and/or other visual representations.
3. Technique: delineating possible messages and the way the cartoonist is getting them across.
4. Target: explaining the message and discussing its possible effects on the viewer/reader.

Task 4: Explain which wider issue the cartoon is referring to (content).

....

....

....

Task 5: Describe the figures in the cartoon and the conversation they are having. (context)

....

....

....

Task 6: Analyse how the cartoonist manages to get his message across effectively? (technique)

....

....

....

My conclusion in a nutshell: ....

Task 7: Explain the message of the cartoon and the reactions you can foresee. (target)

....

....

....

Task 8: Try to find similar cartoons (e. g. on http://commons.wikimedia.org/wiki/Main_Page (last accessed March 2016), **compare** them and add them to your **pictionary***.

Task 9: Select the words unknown to you within the topics "global warming and protection of the environment" and enter them in the word bank below, including short **explanations** or examples.

Word bank "global warming and protection of the environment":

....

....

Worksheet 4: Thrill seekers (2 pages)

The Calgary Herald, in an article from 2010, reported on plans of the Canadian government to making some national parks more attractive for tourists by creating opportunities for sports, especially extreme activities. This abridged version highlights the advantages and disadvantages:

Wild parks in Canada?

Plans are under way to allow activities for thrill seekers in two Canadian national parks in British Columbia. The Canadian government wants to attract new visitors by introducing a number of exciting activities: such as hang-gliding, kite surfing, mountain biking and wild-water rafting. The move is meant to stop declining visitor numbers and give people more reasons to visit a national park.
Ed Jager, director of visitor experience for Parks Canada says (according to the Calgary Herald, 29/10/2010), "We want it in the parks where it makes sense. It will be a good experience for visitors, where it will be done in a fashion that respects our recreational goals."
But to conservationists such as Jim Pissot this plan is worrying and goes against ecological preservation. He claims that adventure tourism can be found in many other places and that "European visitors come to Canada to see unspoiled vistas, untamed forests and free-roaming wildlife – to see what they have lost".
The superintendent for Lake Louise (Parks Canada and Banff) Pam Veinotte says there are a number of opportunities and concerns to be looked at, especially how the environment will be affected and whether there will be educational benefits. She notes that the park has a history of mountaineering.
It will almost certainly be private interests operating the tours. It is expected that up to 30,000 visitors would come from mid-June to mid-October for guided tours, which would add important additional income for the mountain resorts. People would be given an opportunity to get out of their cars and experience something not otherwise seen.

Task 10: Activities for thrill seekers

Read the given extract twice and then **explain** the meanings of the following words by using an electronic dictionary*:

Word bank "sports and nature parks"

- thrill seekers
- British Columbia
- hang-gliding
- kite surfing
- wild water rafting
- to decline
- recreational goals
- ecological preservation

- unspoiled vistas
- untamed
- free-roaming
- educational benefits
- mountain resorts

Task 11: What do you think about the government's plans to allow the activities in Canadian National parks? Good for business – bad for nature? **Discuss** this issue in plenary after filling in the table below.

Table of issues

	good for parks	**bad for nature**	**your opinion**
fun	mountain biking	digging up ground shying away animals	individual solution
adventure			...
attractions			...
vistas			...

Record your discussion and keep the audio files for a later to be created **podcast*** on "nature parks". With a partner add to your **pictionary*** using information so far collected.

Worksheets 1–4: Anregungen zum Vorgehen und Lösungen

Worksheet 1: Reading totems

Task 1: Die Schüler lesen den vorliegenden Text im Skimming-Verfahren und tragen – am besten in Tandems – ihnen unbekannte Wörter in die *word bank* ein. Die Erstellung der *word bank* kann auch im Plenum erfolgen, wenn diese Arbeitsweise den Schülern noch nicht vertraut ist und die Arbeit mit (digitalen) Wörterbüchern eingeübt werden muss. Ein *scaffolding* dazu ist auch in den gängigen Oxford/Cambridge *dictionaries* zu finden.

Task 2: In dieser Aufgabe geht es um die Zuordnung von Totem-Symbolen und ihrer Bedeutung in zwei Kulturen, der kanadischen First Nations und der europäischen Tradition. Einige Beispiele sind vorgegeben, Hilfestellungen für die Schüler können anhand der Tabelle erfolgen. Mögliche Lösung:

	First Nations belief	**European belief**
black bear	protector, guardian and spiritual link between humans and animals	"teddy bear", children's toy, friendly …
beaver	is very busy, shows wisdom and independence	protected, lives on rive banks, not the friend of farmers
eagle	signifies intelligence and power	a symbol used by noble families (coat of arms)
frog	represents adaptability, the ability to live in both natural and supernatural worlds	endangered species, special runs have to be built to keep cars from driving over them
hummingbird	embodies love, beauty and unity with nature	Kolibri – …
killer whale	symbolises dignity and strength (often depicted as a reincarnated spirit of a great chief)	Moby Dick
raven	signifies mischievousness and cunning	negative image, but very clever
salmon	important and regular source of food, longevity and hardiness	expensive fish, but very popular
shark	means danger and loneliness	not the surfers' friend …
thunderbird	represents the wisdom of proud ancestors	not known in Europe, only found in zoos as "Donnervogel"
…		

Worksheet 2: Animals in their habitat

Task 3: Die im Scaffolding angebotenen Stichworte dienen als Grundlage für die Beschreibung von Lebensräumen der benannten Tiere; sie werden – auch in weitergehenden Recherchen – individuell erstellt und dann in Tandems und/oder der gesamten Lerngruppe abgeglichen. Die Ergebnisse werden in einem *pictionary** zusammengestellt. Individuelle Lösungen.

Worksheet 3: Cartoon on global warming

Schrittweise wird das *scaffolding „working with a cartoon"* im *Think-pair-share**- Verfahren benutzt, um den Cartoon und seine Botschaft zu beschreiben.

Task 4: In the cartoon, you can see two polar bears sitting on an ice floe in a relaxed way. With a demonic sun shining brightly above them, the older polar bear announces to his son that half of the ice floe shall be his one day.

Task 5: Especially the Arctic region strongly suffers from climate change and global warming. Half of the bears' habitat or even more will be lost soon. There is also a pun on the term "half of". To underline this, it is written in italics. If half of the habitat is lost by global warming, only the remaining half will be split in two, which is almost nothing. The evil look of the sun can be seen as a hint of a bleek scenario lying ahead. As the prospects are not sunny at all, the message of the cartoon is a strong warning to all of us and it is far from funny.

Task 6: The cartoonist uses visual means very sparingly: the opposition of sun and ice floe is in the focus of the cartoon, and the older polar bear's promise shows the mood of the drawing. Without the bear's statement this scene would have seemed peaceful and happy instead of gloomy and threatening.

In a nutshell, the message that all will be lost is put across clearly.

Task 7: Individuelle Lösungen – including agents like Greenpeace, other nature groups, governments and politicians ...

Task 8: Die Recherche kann als Hausaufgabe durchgeführt und dann im Plenum abgeglichen werden. Das angelegte ***pictionary**** wird dann um Cartoons mit Kurzkommentaren ergänzt.

Task 9: Die *word bank** wird – unter Umständen – arbeitsteilig ausgefüllt und dient dem Aufbau eines themenbezogenen Wortfeldes zur Umweltproblematik.

Worksheet 4 (additional activity): Thrill seekers

Task 10: Die Schüler lesen den Text in zwei Durchgängen im Scanning- und Skimming-Verfahren* und füllen die *word bank** aus, die das entsprechende Vokabular und das Textverständnis sichert.

Task 11:

	good for business	**bad for nature**	**your opinion**
fun	mountain biking	digging up ground shying away animals	individual solution
adventure	wild water rafting	life saving missions	....
attractions	more visitors	big crowds noisy places	....
vistas	showcases of Canada	European visitors come for peace and quiet	....

Zur Vorbereitung der geplanten Diskussion wird zunächst die Tabelle individuell ausgefüllt, wobei der Text als sprachlicher Baustein genutzt werden soll. Die anschließende Diskussion kann mit einem digitalen Tonträger (z. B. dem Smartphone) aufgezeichnet werden, um sie abschließend als Podcast* zu bearbeiten. Entsprechende Bilder von Sportarten und Naturparks können als Ergebnissicherung in das angelegte ***pictionary**** eingetragen werden.

Unit 3: Is Nessie Alive?

(Sek. I: 2./3. Lernjahr, A1/A2)

Allgemeine Erziehungsziele:

Geschichte und Gegenwart Schottlands;
Landeskunde und Tourismus;
Perspektivenwechsel;
Umwelterziehung;
Umgang mit Medien;
aktuelle (politische) Fragen

Ziele fremdsprachlicher Bildung:

landeskundliche und interkulturelle Kenntnisse;
Geographie und Geschichte in Zielsprachenländern;
Umweltaktivitäten;
Touristische Ziele und ihre Vermarktung;
Tatsachen und Legenden

Inhalte und Themen:

narrative of the Loch Ness Monster;
fiction or reality;
environmental projects

Fertigkeiten, Fähigkeiten, Anbahnung von Kompetenzen
GeR (Auszüge):

Wie UE 1; Fokus: Kann elementare Sprachfunktionen ausführen und auf sie reagieren, z. B. auf einfache Art Informationen austauschen, Bitten vorbringen, Meinungen und Einstellungen ausdrücken (Europarat 2001: 122).

Bildungsstandards Englisch/Französisch für den Mittleren Schulabschluss (Auszüge):

Wie UE 1**;** Fokus: Kann mit Hilfe von Stichworten, Gliederungen, Handlungsgeländern Texte mündlich vortragen oder schriftlich verfassen (KMK 2004: 17); selbstständig, mit einem Partner oder in Gruppen längere Zeit arbeiten (18).

Sprachfokus:

Informationen strukturieren, bearbeiten und präsentieren;
skimming und scanning;
note making;
discussion based on key words;
Vokabelarbeit mit *word banks*

Lehr- und Lernstrategien:

tandem activities, inside-outside circle; think-pair-share*, placemat activity*; working with maps; research on projects*

Evaluation:

formatives Feedback (im Rahmen der Lernaktivitäten); summatives Feedback: Bewertung von Präsentationen und Projekten

Zum Vorgehen allgemein und zur Nutzung des *worksheet compass* siehe Unit 1.

Übersicht UE 3: Is Nessie Alive?

Worksheet compass

phase	**activities of**		**additional activities**	**scaffolding**
	teachers	**students**		
planning	issues/problems to be solved	making selections	...	worksheet compass
	guiding questions and outcomes	learning goals evaluation	special tasks	...
complex task	Is Nessie Alive?	think-pair-share*, working in groups, research; presen-tations		research, gallery walk*, inside-outside circle* etc
worksheet 1	Sightings	task 1: outline		
worksheet 2	Scientific background	task 2: explain		
worksheet 3	The story of Nessie updated	task 3: comment		
worksheet 4	Otterly – utterly	task 4: comment		additional activity
worksheet 5	Facts and fiction	task 5: mediation* task 6: outline		mediation*
worksheet 6	The guest book	task 7: write an entry		guest book entry
worksheet 7	Loch Ness project – the wider significance	task 8: evaluate task 9: ranking	task 10: create posters	poster

Worksheet 1: Sightings

Task 1: The "Loch Ness Monster" belongs to the list of Scottish icons and is even well-known in far-away countries like Japan. To shed some light on the rumours connected with the monster, study the text at hand carefully, look up the location on a map and, in groups of four, **outline** and write down what you can make of this phenomenon – using the placemat activity*.

Text: The Caledonian Canal

If you go south from Inverness, you can't miss the famous Loch Ness. It is part of the Caledonian Canal, a deep crack dividing the mountains of the Scottish Highlands running from the south-west to the north-east. This is the reason why Loch Ness is extremely deep (1,000 feet), apart from being 24 miles long and 1 mile wide. It is deeper than the North Sea and offers plenty of room for big animals and rumours about them.
The biggest Scottish lake is famous all over the world not for its unspoiled and rugged landscape – but for the monster "Nessie" that is supposed to live there. There is no knowing whether this monster exists in reality or just as a fantasy, some people say yes (even the Japanese once launched a small submarine in the loch to get photos of "Nessie"), some people say no and call it a fabrication of the tourist industry.

Voc.: fabrication – Fälschung; to fabricate (verb)

Image of a placemat

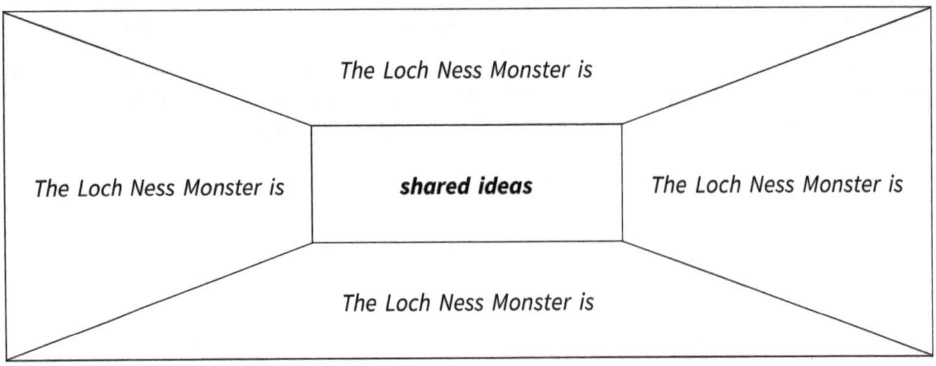

Compare group results, especially the shared ideas in the middle.

Worksheet 2: Scientific background

Task 2: Read the following text. Note the key words **by explaining** the "scientific" background of the monster search. Work together with a partner in an inside-outside circle* and keep your notes for the discussion in task 3.

Scientific methods

When people talk about "Nessie", they usually refer to the tourist hype created a long time ago and still attracting visitors from all over the world. But there is a scientific background to the phenomenon as well. "Nessie" is, after all, the most famous lake monster in the world. And at that is has generated multiple attempts to locate or even establish its very existence, even by Japanese scientists who have been known to develop a special submarine to be launched in Loch Ness.

This great lake, part of the Caledonian Canal, is of an enormous size, of great depth and filled with peat-stained water. All these factors, not taking into account the frequently misty weather in this part of Scotland, have contributed to the difficulties of finding the presumed big creature in the lake. Quite a few "serious" scientists still believe in its existence, have even developed special equipment to locate it and claim to have found evidence for its existence. They also believe that the "monster" could be millions of years old and continue to follow up the particular challenge created by a recent capture of a similar creature in the South Pacific. The search for "Nessie" has not lost any of its attractions and, if successful, might well end up as a new category of scientific zoology or even in the Guinness Book of Records.

Voc.: hype: Rummel; submarine: U-Boot; peat: Torf; to take into account: berücksichtigen

Key words:

....

....

....

Worksheet 3: The story of Nessie updated

Task 3: Frequently, reports about 'Nessie' refer to the first sightings of the so-called "Monster of Loch Ness" and follow up her story to the present day.

Using think-pair-share * write down key words from the given story below and **comment** on how convinced you are by the reporting. In plenary, **discuss** the question "Does Nessie really exist or is it just a hoax invented by the tourist industry?".

First Sightings of the Loch Ness Monster (1934)

Everybody seems to know "Nessie" nowadays

During his summer holiday in the North of Scotland, a Dr. Kenneth Wilson claimed to have taken a picture of "The Monster of Loch Ness", which was later (1934) published in a British newspaper. But one of Wilson's travelling companions revealed, in fact only on his deathbed, that the 'Nessie' photograph was meant as a joke and a hoax at that. Ever since, a greater number of pictures with 'Nessie' have appeared, often showing a creature with a long neck and two humps.

Recent observers also maintain that – even using binoculars – the sighting of creatures in the loch could easily be misleading such as the one in 2001. Very often, the sight is limited and, as a result, pictures taken are blurred and not very precise. Experts say that they have never seen a monster in Loch Ness for 24 years now. Reappearing photographs, however, establish the existence of some unrecorded creatures in the loch – but these might be otters or other unknown objects mistaken for 'Nessie', the last 'sighting' of which was recorded in 2001.

Commentary:

....

Worksheet 4: Otterly – utterly

Task 4 (additional activity): Analyse the content of the following report and present your results on posters. Focus especially on the pun "utterly-otterly" and **comment** on the message implied here.

Voc.: otter: Flusstier, Otter; utterly: äußerst

Nessie revisited (2016)

More recent photographs, allegedly showing 'Nessie', have to undergo some scrutiny before they can pass as evidence of a larger creature in Loch Ness or even be taken seriously. Most of them show humps and a dinosaur-like head of a beast prowling the waters of Loch Ness. The problem with them is that the pictures are taken from some distance and the objects showing are not very distinctive. Dr. Wills, owner of the Seabirds-and-Seals boat trips, is reported to have documented recent sightings of an unknown creature in the lake. In these he points out that it is understandable that many people looking out for 'Nessie' and watching a biggish object might have come across one of the otters frequently watched in the loch; one of them, a bigger female, was even given the name of Dratsie. According to Dr. Wills, these tourists might be utterly disappointed if they realized they just saw an otter.

Voc.: scrutiny: genaue Prüfung; hump: Buckel; distinctive: deutlich; to prowl: herumstreichen

Worksheet 5: Facts and fiction

Task 5: In a podcast (wdr Zeitzeichen) the story of Nessie is told to a German audience. Listen to the story in groups and make notes to write a **mediated** text* for your English school magazine.

„Als ich Nessie das erste Mal sah, fuhr ich gerade den Berg hoch Da sah ich am Eingang zur Record-Bucht diese riesige Kreatur, schwarz, dunkelgrau, schlammgrün", erinnert sich eine Augenzeugin. Das vermeintliche Seeungeheuer Nessie ist die Attraktion des schottischen Hochlandsees Loch Ness. Jährlich lockt es rund eine halbe Million Touristen an, die ins Wasser starren und hoffen, das Monster zu erblicken.
Der See ist tiefer als große Teile der Nordsee, an einigen Stellen bis zu 230 Meter. Gerade wegen seiner Tiefe verfügt der See über das mit Abstand größte Wasservolumen aller schottischen Seen. „Genug Platz also für ein paar Geheimnisse", sagt Adrian Shine, Leiter des „Loch Ness Project", das den knapp 40 Kilometer langen See seit Jahrzehnten erforscht. „Etwas Merkwürdiges geht hier vor. Sonst würden nicht über tausend Leute, die ich für ehrlich und vernünftig halte, behaupten, dass sie hier ein großes Wesen gesehen haben."
Daniela Wakonigg: http://www1.wdr.de/mediathek/audio/wdr2/wdr2-stichtag/audio--november--angeblich-erstes-foto-von-seeungeheuer-nessie-100.html (last accessed July 2016)

Mediation

....

....

....

....

....

Task 6: Work in tandems on the youtube clip on "Scotland's best tourist attraction" and **outline** in a list likely and unlikely findings. Two tandems, selected randomly, will then present their lists in plenary.

https://www.youtube.com/watch?v=4JrXqJhdCF4

likely findings	**unlikely findings**
....	....
....	....
....	....
....	....

Worksheet 6: The guest book

Task 7: After taking part in the **Seabirds-and-Seals boat excursions for tourists** (lead by Dr Wills), you have the opportunity to **write a comment** in the company's guest book. In your comment you mention the reasons why you came to Loch Ness, what you expected to see and whether you liked it or were disappointed.

Seabirds-and-Seals boat trips Guest Book

Dear Dr. Wills,
Your boat trip, although the weather was a bit rough and visibility low, was

....

....

....

....

....

....

....

....

Worksheet 7: Loch Ness project – the wider significance

https://commons.wikimedia.org/wiki/User:AdMeskens/Schotland?uselang=de/media/File:LochNess05.jpg
© Ad Meskens

Task 8: Research details of this project on the internet and collect instances of how the Loch Ness Monster Story goes beyond tourist attractions and may even be helpful in preserving the environment.

Task 9: Evaluate how the Loch Ness project can contribute to the preservation of the environment:

....

Task 10: Outline your favourite activities in the Loch Ness project in the following list.

My top-five-list of activities

(1)..

(2)..

(3)..

(4)..

(5)..

Task 11: In groups, please make use of pictures either used in the project itself or found in other sources. **Create posters** showing the story and tourist attractions of Loch Ness and present in plenary.

Worksheets 1 – 7: Anregungen zum Vorgehen und Lösungen

Worksheet 1: Sightings

Task 1: mögliche Lösung:

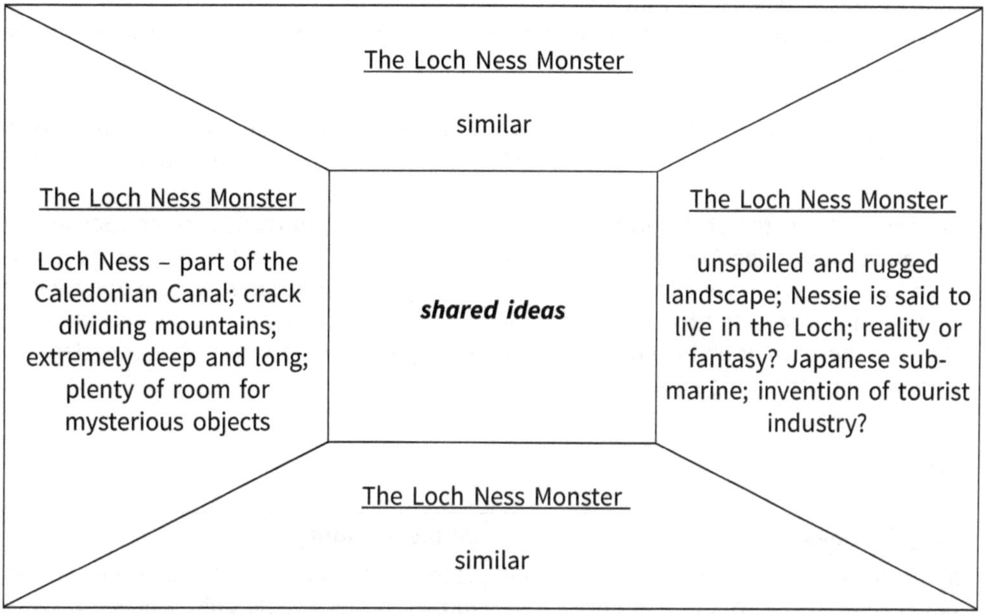

Task 2: Key words: most famous monster world-wide, countless enthusiasts, similar creature in South Pacific, millions of years old, challenge posing major problems: size of the loch, dark, deep water, rare appearances, no scientific findings so far, fascinating history of research, peculiar equipment, some results

Task 3: Comment: most famous picture taken in 1934; later exposed as a hoax; pictures were staged; mistaken for an otter; never seen a monster for 24 years; some pictures turned out to be of otters or seals; there could be an unrecorded creature; last sighting in 2001

Stellungnahme: ad lib.

Task 4: Daily Mail Story: Photos show characteristic hump and dinosaur-like head; so-called Nessie probably much smaller and common creature; more likely a big otter rather than a monster; still evidence of an unrecorded creature.

The pun works in English, because utterly (G: gänzlich, äußerst) sounds like otterly – a hint at the fact that Nessie could be mistaken for an otter – at most!

Worksheet 2: facts and fiction

Task 5: Mediation:

Es wird nicht erwartet, dass Schüler die Mediation in dieser Ausführlichkeit und sprachlichen Qualität verfassen; das Beispiel dient lediglich der Illustration und kann überdies als *worked example* eingesetzt werden.

An eye-witness describes the memories of her first sighting of the monster in a German podcast of radio wdr2. At the entrance of Record Bay she saw a huge creature, black or dark gray, slurry green.

The alleged sea monster Nessie is the unrivalled attraction of Loch Ness in the Scottish Highlands. Every year it attracts around half a million tourists hoping to catch a glimpse of the monster.

The Loch is deeper than the North Sea in some parts, in places up to 230 meters. Because of its depth it is the biggest water reservoir of all Scottish lakes. Adrian Shine, manager of the "Loch Ness project" having researched the 40-k-long lake for decades, is sure that there is space for a few secrets here. He reports that something strange is going on in the area, otherwise there wouldn't be more than a thousand people, otherwise quite sane, claiming to have seen such a big creature.

Task 6:

likely findings	unlikely findings
great volume of water; Romans found animal cave drawings; many sightings; unexplained phenomenon; old photos	Catholic legend; presenter does not take it too seriously; people only "believe"; unsolved mystery

Task 7: mögliche Lösung:

Dear Dr. Wills,

Your boat trip, although the weather was a bit rough and visibility low, was exactly what I expected. I had heard about Nessie a lot and was curious to find out whether it really exists. Also, I like the Scottish countryside a lot, most of all the Highlands with their wild mountains and lochs. So the trip on your boat was really great, but the photos shown all over your boat are a bit disappointing. You can't see much on them and I wonder if some of them are not just fabricated. It certainly is a clever idea to attract tourists but at the end of the trip, without seeing really anything but a few birds and fish, I am no wiser. Maybe the loch wants to keep its secrets and the bagpipe music sounded mysterious enough.

Yours truly …

Worksheet 3: Loch Ness project – the wider significance

Task 8: individuelle Lösungen

Task 9: Information about unspoiled nature and geography; public transport to the exhibition centre; stops too many cars; boat trips are environmentally friendly.

Task 10: mögliche Lösung:

My top-five-list of activities

(1) eye-witness reports;
(2) playing the role of a detective;
(3) laser animations of the surroundings;
(4) menu for a monster;
(5) expedition equipments.

Task 11: individuelle Lösungen

Unit 4: Behind a Name (Heroes)

(Sek. I: 2./3. Lernjahr, A1/A2)

Allgemeine Erziehungsziele:
Vergleiche unterschiedlicher Kulturen und Traditionen;
Funktion von Vorbildern;
Rolle der Musik als friedensstiftende Verbindung;
Perspektivenwechsel;
aktuelle (politische) Fragen

Ziele fremdsprachlicher Bildung:
landeskundliche und interkulturelle Kenntnisse;
Geographie und Geschichte in Zielsprachenländern;
Länderprofile;
Liedinterpretationen;
emotionale Zugänge zu *cultural studies*

Inhalte und Themen:
the tall poppy syndrome;
local heroes;
the story behind a name

Fertigkeiten, Fähigkeiten, Anbahnung von Kompetenzen
GeR (Auszüge):

Wie UE 1; Fokus: Kann sich und andere vorstellen und anderen Leuten Fragen zu ihrer Person stellen – z. B. wo sie wohnen, was für Leute sie kennen oder was für Dinge sie haben – und kann auf Fragen dieser Art Antworten geben; kann sich auf einfache Art verständigen, wenn die Gesprächspartnerinnen oder Gesprächspartner langsam und deutlich sprechen und bereit sind zu helfen (Europarat 2001: 35); kann einfache, isolierte Wendungen und Sätze schreiben; kann einfache Wendungen und Sätze über sich selbst und fiktive Menschen schreiben: wo sie leben und was sie tun (67 – 68); kann elementare Sprachfunktionen ausführen und auf sie reagieren, z. B. auf einfache Art Informationen austauschen, Bitten vorbringen, Meinungen und Einstellungen ausdrücken (122).

Bildungsstandards Englisch/Französisch für den Mittleren Schulabschluss
(Auszüge):

Einsicht in die Kulturabhängigkeit des eigenen Denkens, Handelns und Verhaltens sowie die Fähigkeit und Bereitschaft zur Wahrnehmung und Analyse fremdkultureller Perspektiven (KMK 2004: 10).

Sprachfokus:

Informationen strukturieren, bearbeiten und präsentieren;
grundlegendes Vokabular: zu Rollen und Vorbildern;
mit einfachen sprachlichen Mittel fremde und eigene Vorstellungen ausdrücken;
Zustimmung und Ablehnung formulieren;
in einfacher Form Stellung nehmen;
skimming und scanning;
clozes and rubrics;
Profil erstellen;
Beitrag für Schulzeitung

Lehr- und Lernstrategien:

tandem activities, inside-outside circle; gallery walk*, relating information, focus on form, cloze, writing a profile, checking understanding, writing drafts*

Evaluation:

formatives Feedback (im Rahmen der Lernaktivitäten): Auswertung der Übungen und Zuordnungen; summatives Feedback: Bewertung der *school magazine*-Beiträge und Profile

Zum Vorgehen allgemein und zur Nutzung des *worksheet compass* siehe Unit 1.

Übersicht UE 4: Behind a Name (Heroes)

Worksheet compass

phase	**activities of**		**additional activities**	**scaffolding**
	teachers	**students**		
planning	issues/problems to be solved	making selections	...	worksheet compass
	guiding questions and outcomes	learning goals evaluation	special tasks	school magazine
complex task	Behind a name (heroes)	think-pair-share*, working in groups, checking under-standing		research, focus on form, writing
worksheet 1	The tall poppy syndrome	task 1: point out, explain, discuss task 2: matching	task 3: research	re-structuring information
worksheet 2	Role models	task 4: compare task 5: write a profile	task 6: check under-standing	profiles
worksheet 3	The story behind a name	task 7: research task 8: writing	task 9: presenting	local research

Worksheet 1: The tall poppy syndrome (2 pages)

Task 1: Read the "tall poppy" text in class. **Point out** what the "Australian of the Year Award" means. **Explain** why Australians don't like "tall poppies". **Discuss** if Germany has a "tall poppy syndrome" as well.

Australia – the tall poppy syndrome

On the one hand, Australia finds special people every year who are awarded the title of "Australian of the Year" for their excellence. Everyone can make suggestions and special committees select the candidates. This prize is very important and an incentive for people from all walks of life. On the other hand, the Australian community is well known for being very democratic and egalitarian. After all, the country started as a colony of convicts, and the descendants of former "criminals" are proud of the fact that they "made it" in the New World. That is why people become suspicious and even jealous of those who want to be better than others or show off. They are disliked if they promote themselves and appear to be like a tall poppy flower – which stands out and will quickly be chopped down to earth. This is called the "tall poppy syndrome". It is considered to be bad manners. Some think this is a shame because a tall poppy is a product of nature and beautiful to look at. Things might change though, because nowadays Australia is a multicultural society with values and attitudes that are not equal but different. So who can say what is best?

Voc.: poppy – Mohnblume; to award – verleihen; excellence – herausragende Leistung; suggestion – Vorschlag; egalitarian – gleichberechtigt; convict – Strafgefangener; suspicious – misstrauisch

Task 2: As you might not know about all of these jobs look some up in your digital dictionary. In an inside-outside circle **match** jobs and qualities (they are mixed up here) and then decide how to become top in your job (aka a tall poppy).

job/profession	**qualities**	**excellence**
technician	competent	stronger
teacher		friendlier
train driver		cleaner
pilot		cleverer
stewardess		more competent
janitor		more experienced
baker		more cool-headed
mason		calmer
priest		more intelligent

Voc.: janitor – Hausmeister; mason – Maurer; aka – also known as

Focus on form

Comparisons

Playing football looks .... than it is. (hard)
Dancing is .... than it looks. (fast)
Acting is more .... than dancing. (difficult)
Learning is .... than you think. (easy)

Make 3 more sentences in the same style, using these adjectives:
Slow (slower), beautiful (more beautiful), elegant (more elegant). For reasons why there are 2 ways to make a comparison have a guess or turn to your teacher.

....

....

....

Task 3: Who is who

There are different heroes in different countries. Match names and countries below (if in doubt, do some **research** first in your tandem): Willy Brandt – Mohamed Ali – John F. Kennedy – Mario Götze – Jerome Boateng – Nicole Kidman – Hugh Grant – Kylie Minogue – George W. Bush – Angela Merkel – Ilkay Gündogan – Kevin Rudd

United States of America	Germany	Australia
....	....	....
....	....	....
....	....	....

Worksheet 2: Role models (2 pages)

Task 4: With a partner, fill in the blanks in the cloze text on the "West-Eastern Divan" and **compare** results in plenary.

Cloze

The West-Eastern Divan Orchestra

In his poem "West-Eastern Divan" .... (1) wrote "God has made the Orient! God has made the Occident! North and South his hands are holding, all the lands in .... (2) enfolding." In 1999, Daniel .... (3) together with Edward Said (Palestinian scholar) .... (4) the West-Eastern Divan as a workshop for Israeli, Palestinian and Arab .... (5) in Weimar. Their aim: to replace ignorance with education, knowledge and .... (6). Within the workshop, individuals, who had only interacted with each other through the .... (7), found themselves living and working together as equals. The orchestra quickly became legendary winning many international prizes.

The West-Eastern Divan is almost .... (8). By bringing together Arab and Israeli musicians it overcomes the political divides in the .... (9). The young players realised the need for an .... (10) way to address the Israeli-Palestinian conflict. .... (11) through music turned into a .... (12) and the orchestra won global .... (13). In 2005, the orchestra first performed in the Occupied Territories, in Ramallah. One young girl was reported to say to Daniel Barenboim that he was the first thing she had seen from Israel that was not a soldier or a .... (14).

Cloze: tank – audiences – model – Cooperation – alternative – Middle East – impossible – prism of war – understanding – musicians – founded – Barenboim – peace – Goethe

Voc.: West-Eastern Divan – Gedicht von Johann Wolfgang von Goethe "West-östlicher Divan" (1814–1827); to enfold – umfangen; founded – gründete; equal – Gleicher; prism – Brennpunkt; Occupied Territories – von Israel besetzte Gebiete Palästinas; tank – Panzer

Task 5: Write a short profile about the career of Daniel Barenboim by connecting the items in the box and have it ready for task 6.

Daniel Barenboim was born in ....

....

....

Daniel Barenboim (1942 – ....)

- born in Buenos Aires in 1942
- taught piano lessons only by his parents, debut in Argentina in 1950
- moves to Israel
- attends master conducting classes in Vienna
- studies in Paris in the 1950 s
- invited by famous pianists (e. g. Rubinstein) to join them, performs in New York, Tel Aviv and Berlin in the 1960 s
- Director of the Chicago Symphony Orchestra (1989 – 2006)
- conducts West-Eastern Divan Orchestra in Palestine
- leads Staatsoper Berlin
- awarded German Federal Cross of Merit (Bundesverdienstkreuz) by Joachim Gauck in 2013
- receives Willy-Brandt-Prize
- performs with the West-Eastern Divan Orchestra in Korean Demilitarized Zone
- named one of "The World's Greatest Leaders" by Fortune Magazine

Task 6: Check your **understanding** – choose the right ending for each sentence a, b or c:

Daniel Barenboim founded the ...

a) Chicago Symphony Orchestra; b) Staatsoper Berlin; c) West-Eastern Divan

It quickly became a ...

a) legendary orchestra; b) famous workshop; c) panel discussion

It overcomes the political divides in ...

a) Israel; b) the Middle East; c) the USA

The young players realised the need for ...

a) better performance; b) more instruments; c) an alternative

Cooperation through music turned into a ...

a) model; b) problem; c) success

Worksheet 3: The story behind a name

Task 7: Your Australian exchange partner has to write a text for their school magazine about places to visit in Germany and has asked you to pass on some information about the story behind a building or street in your own area. Choose the name of a street, a school or an interesting building in your hometown and **research** the story behind the name giver and why s/he was chosen.

Scaffolding

How to proceed
Take a photo of the building and/or street name. Get some information (internet, local library) and write down your findings in a mind map or table about: the person's profile, why s/he should be remembered, when the street/building was named after her/him, what makes the street/building special.

Task 8: **Write a first draft** of your text and organise in paragraphs. Your text would have an introduction, a body and a conclusion.

Our school is named after (example: Ludwig Leichhardt) who ....

....

....

....

I live in (example: Käthe Kollwitz Straße) which was named after ....

....

....

....

Task 9: Hang up your text and photos in your classroom and, in a gallery walk*, view the different versions and vote on the outcomes (you have five points to award – do not include your own text, please!).

Worksheets 1 – 3: Anregungen zum Vorgehen und Lösungen

Worksheet 1: The tall poppy syndrome

Task 1:

Point out: title awarded every year for excellence; everyone can make suggestions; selected by special committee; incentive for people
Explain: Australia is a very democratic and egalitarian country; proud people who made it in a new country; suspicious of people who show off or want to be better; persons are disliked if they want to stand out like a tall poppy; considered to be bad manners
Discuss: tall poppy is a product of nature and beautiful; a shame to be chopped down; in a multicultural society values and attitudes are different; nobody can say which is best; this idea is not known in Germany

Task 2:

job/profession	**qualities**	**excellence**
technician	competent	more competent
teacher	intelligent	more intelligent
train driver	cool-headed	more cool-headed
pilot	experienced	more experienced
stewardess	friendly	friendlier
janitor	clever	cleverer
baker	clean	cleaner
mason	strong	stronger
priest	calm	calmer

Comparisons
Playing football looks .... than it is. (hard)
Dancing is .... than it looks. (fast)
Acting is more .... than dancing. (difficult)
Learning is .... than you think. (easy)

Bikes are slower than cars.
Tall poppies are more beautiful than rocks.
Dresses are more elegant than jeans.

Task 3:

United States of America	Germany	Australia
George W. Bush Muhammad Ali John F. Kennedy Hugh Grant	Jérôme Boateng Mario Götze İlkay Gündoğan	Nicole Kidman Kylie Minogue Kevin Rudd

Worksheet 2: Role models

Task 4:

Cloze

The West-Eastern Divan Orchestra

In his poem "West-Eastern Divan" **Goethe** (1) wrote "God has made the Orient! God has made the Occident! North and South his hands are holding, all the lands in **peace** (2) enfolding." In 1999, Daniel **Barenboim** (3) together with Edward Said (Palestinian scholar) **founded** (4) the West-Eastern Divan as a workshop for Israeli, Palestinian and Arab **musicians** (5) in Weimar. Their aim: to replace ignorance with education, knowledge and **understanding** (6). Within the workshop, individuals, who had only interacted with each other through the **prism of war** (7), found themselves living and working together as equals. The orchestra quickly became legendary winning many international prizes.

The West-Eastern Divan is almost **impossible** (8). By bringing together Arab and Israeli musicians it overcomes the political divides in the **Middle East** (9). The young players realised the need for an **alternative** (10) way to address the Israeli-Palestinian conflict. **Cooperation** (11) through music turned into a **model** (12) and the orchestra won global **audiences** (13). In 2005, the orchestra first performed in the Occupied Territories, in Ramallah. One young girl was reported to say to Daniel Barenboim that he was the first thing she had seen from Israel that was not a soldier or a **tank** (14).

Task 5: Writing a profile:

Daniel Barenboim was born in Argentina in 1942. As a child he was taught piano lessons only by his parents and he had an early concert debut when he was only 8. For a while his family moved to Israel, but later Daniel went back to Europe and attended master conducting classes in Vienna. His career as a pianist took him to Paris, New York, Tel Aviv and Berlin. He was the director of the Chicago Symphony Orchestra for 17 years. During this time he also conducted the West-Eastern Divan Orchestra in Palestine. After 2006 he became the leader of the Staatsoper Berlin and in 2013 he was awarded the German highest state prize, followed by other honours. With his West-Eastern Divan Orchestra he even performed in Korea and was named one of "The World's Greatest Leaders".

Task 6:

Daniel Barenboim founded the ...
c) West-Eastern Divan

It quickly became a ...
a) legendary orchestra

It overcomes the political divides in
b) the Middle East

The young players realised the need for
c) an alternative

Cooperation through music turned into a
a) model

Worksheet 3: The story behind a name

Task 7: *mind map* oder *table* mit individuellen Lösungen

Task 8:

Beispiellösung (*school name*):
Our school is named after Ludwig Leichhardt (1813 – 1848?) who was a famous explorer in Australia. Born in Prussia, he was educated at the universities of Berlin and Göttingen, where he studied medical and natural sciences but left without a degree.
He arrived in Sydney in February 1842 and wanted to explore the inland of Australia. He undertook three major expeditions in Australia: to cross the continent from the Condamine River, Queensland to the Swan River in Western Australia. In March 1848 Leichhardt began his last attempt to cross Australia with a group of explorers.
They were never seen again, despite a number of major searches over a period of almost a century to try and find them. He is well remembered in both Australia and Germany with a number of places and schools like ours carrying his name since 2011.
Beispiellösung (*street name*):
I live in Käthe Kollwitz Straße named after the famous German artist (1867 – 1945). She was born in Königsberg and her early artistic ambitions were supported by her parents.
After studying in Munich, she married a medical doctor in Berlin, whose working-class patients were models and subjects of her mostly printmaking art. She was shocked by human suffering and losses in the two world wars, including a son and a grandson. Her art became very popular, but in Nazi Germany she had to resign her position as the first female professor appointed to the Prussian Academy of Arts and her exhibitions were forbidden. She died at the end of World War II, after her house and much of her art had been destroyed by an air raid on Berlin in 1943.
Nowadays she is well remembered as an artist focusing on the presentation of poor people. Our street named after her is in the town centre and well known for two of her sculptures, a target for many tourists from all over the world.

Task 9: individuelle Lösungen

Unit 5: Measuring your Media

(Sek. I: 2./3. Lernjahr, A1/A2)

Allgemeine Erziehungsziele:
Erfahrungen mit (digitalen) Medien;
Reflexion über Gewohnheiten im Umgang mit Smartphones, Fernsehen, Videospielen und anderen digitalen Geräten;
Einsatz von Bildern;
Perspektivenwechsel;
Umwelterziehung;
aktuelle (politische) Fragen

Ziele fremdsprachlicher Bildung:
landeskundliche und interkulturelle Kenntnisse;
Mediennutzung und Gefahren;
Umfragen erstellen und auswerten;
Medien analysieren;
Geschichten schreiben

Inhalte und Themen:
measuring your media;
electronic devices – curse or blessing;
in the news;
exploring media

Fertigkeiten, Fähigkeiten, Anbahnung von Kompetenzen
GeR (Auszüge):

Wie UE 1; Fokus: Kann einfache, isolierte Wendungen und Sätze schreiben; kann einfache Wendungen und Sätze über sich selbst und fiktive Menschen schreiben: wo sie leben und was sie tun (Europarat 2001: 67–68); kann elementare Sprachfunktionen ausführen und auf sie reagieren, z. B. auf einfache Art Informationen austauschen, Bitten vorbringen, Meinungen und Einstellungen ausdrücken (122).

Bildungsstandards Englisch/Französisch für den Mittleren Schulabschluss
(Auszüge):

Wie UE 1; Fokus: Kann mit Hilfe von Stichworten, Gliederungen, Handlungsgeländern Texte mündlich vortragen oder schriftlich verfassen (17); selbstständig, mit einem Partner oder in Gruppen längere Zeit arbeiten (18).

Sprachfokus:

Informationen strukturieren, bearbeiten und präsentieren;
skimming und scanning;*
Geschichten erzählen;
questionnaire and working with graphs

Lehr- und Lernstrategien:

tandem activities, brainstorming, comparing and discussing, story and review writing

Evaluation:

formatives Feedback (im Rahmen der Lernaktivitäten) *project outline; writing of reviews; mediation;* Auswertung der Präsentationen; summatives Feedback: Bewertung der Fragebögen und Umsetzung der Ergebnisse

Zum Vorgehen allgemein und zur Nutzung des *worksheet compass* siehe Unit 1.

Scaffolding: How to create surveys and graphs (pie charts and bar graphs)

Der Unterschied zwischen Torten- (*pie charts*) und Balkendiagrammen (*bar graphs*) besteht in ihrer Funktion: *Pie charts* werden verwendet, um Umfrageergebnisse darzustellen und sind anschaulicher, *bar graphs* ermöglichen eine präzisere Wiedergabe der Daten.
Pie charts enthalten höchsten sechs, meist aber weniger Kategorien. Abschnitte (*data wedges*) werden im Uhrzeigersinn dargestellt, nach Größe geordnet und mit Schattierungen von dunkel zu hell (oder farbig) versehen. Von Nachteil ist, dass sie weniger genau sind und Unterschiede nur deutlich werden, wenn sie groß genug sind (*significant differences*). Auftretende Muster sind schlechter erkennbar; damit sind sie nicht immer die beste Wahl – wenngleich vielleicht anschaulicher.
Bar graphs können Daten genauer und in ihrer Relation zueinander erfassen. In der Reihenfolge vom größten zum kleinsten Eintrag zeigen sie Daten in einer aufsteigenden Proportion. Dabei werden x- und y-Achse verwendet. Die x-Achse hat, im Gegensatz zur y-Achse, keine Skalierung, die Balkenhöhe ist proportional gestaltet, und der Vorteil liegt darin, dass auch negative Größen gezeigt werden können. Bei horizontalen Balkendiagrammen ist die x-Achse skaliert, während auf der y-Achse nur die Kategorien dargestellt werden.
Bar graphs werden am häufigsten benutzt, weil damit Trends gezeigt werden können, die bei *pie charts* nicht sichtbar werden. *Pie charts* werden verwendet, wenn es nur wenige Daten oder Kategorien gibt und diese sich deutlich voneinander unterscheiden. Sinnvollerweise sollte erprobt werden, welches Diagramm am besten funktioniert.

Worksheet compass

phase	**activities of**		**additional activities**	**scaffolding**
	teachers	**students**		
planning	issues/problems to be solved	making selections	…	worksheet compass
	guiding questions and outcomes	learning goals evaluation	special tasks	working with graphs
complex task	Measuring your media	think-pair-share*, working in groups, research, creating a survey, discussing issues		research, gallery walk*, story writing
worksheet 1	Electronic devices – curse or blessing?	task 1: brainstorm task 2: compare task 3: describe, explain. discuss	task 4: creating a question-naire	conducting a survey
worksheet 2	In the news	task 5: explore task 6: discuss	task 7: story writing	writing a picture story
worksheet 3	Exploring media	task 8: distinguish task 9: discuss	task 10: writing a review	reviewing a TV show

Worksheet 1: Electronic devices – curse or blessing? (2 pages)

Task 1: Warm up – **Brainstorm** with other students what kind of electronic devices you are using and what you would do if you had to quit for one day/one week. Then, check, in groups of four, whether you have any of the following and when you got it first:

	yes or no	**first acquired**
mobile phone		
smart phone (Internet access, music etc)		
iPod, MP3 player		
lap top computer		
play station or games		
facebook or myspace account		
twitter account		
blogging		
others (e-book reader, DVD player)		
TV set		

Voc.: to quit – aufhören mit, stoppen; acquired – angeschafft, erhalten

Task 2: Estimate the amount of time you spend daily on each activity shown in the chart below. Label each of your answers in minutes or hours. In the second column indicate which activity is typically part of any multitasking you do – that means you tend to do it while doing other activities at the same time.

	hours/minutes	**multitasking**
text messaging		
sending photos and videos		
looking at Web sites		
sharing action (posting your own writing, photos, videos, music, creating podcasts etc)		
listening to music or podcasts		
watching TV or Web shows or movies		
playing video games		
social networking		
other		

Voc.: peer – Klassenkamerad, Altersgenosse

Task 3: Read the following study report in class, and then focus on the following activities:

Describe why the authors were shocked.
Explain possible negative results of heavy media use.
Discuss how the study's results compare with your own media consumption (as shown in task 1).

> "If your kids are awake, they're probably online" - according to the Kaiser Family Foundation average young Americans spend every waking minute - except for the time at school - using a smart phone, computer, television or other electronic device. The study's findings from 2010 shocked the authors and confirmed the fears of many parents whose children are constantly hooked on by media devices. They found, moreover, that heavy media use can have negative consequences such as behaviour problems, loss of concentration and lower grades in school.

Finally: Design a word cloud with media key words and mark positive (blue) and negative (red) aspects.

Task 4: Create a survey about electronic devices in your class/school/club/family. Work out a questionnaire in groups, conduct the survey and enter results in a chart. The following scaffolding will give you some ideas of which questions to ask:

Scaffolding

> type of smart phone; favourite video games; play stations; TV programs and viewing time; social networking; facebook and twitter; smart phones allowed at school; making, losing friends; getting hooked

When evaluating your questionnaire, you need to consider, how valid the results are, how representative they can be if interviewees are not classified, what problems might arise by collecting the information and which tendencies can be shown by your findings.
Finally: Compare your personal media use with that of your peers.

Worksheet 2: In the news

Task 5: Bring a daily newspaper to class (alternatively spend some time on reading a selection of http://www.onlinenewspapers.com/). In groups **explore** the parts and functions of the newspaper. Head up three columns and – referring to a newspaper at hand – place each of the following under the correct heading:

news reports	horoscopes	sport reports
advertisements	agony aunt	comics
weather	editorial	letters to the editor
background stories (nature, animals, local)	crosswords	stock prices
gossip	editorial cartoon	personal (births etc)

Voc.: advertisements – Anzeigen; agony aunt – Kummerkasten; editorial – Kommentar; letters to the editor – Leserbrief; stock prices – Börsennachrichten; gossip – Klatsch

inform	**entertain**	**persuade**
sport reports	crosswords	editorial
...	...	...

Voc.: to persuade – beeinflussen, überreden

Task 6: Have a closer look at both the front page of a newspaper and other pages, either local, national or English international. **Discuss** the particular layout, by following up these questions:

Scaffolding

How many articles are there on the front page? What is the lead story? How many different types of headlines are there on the front page? How many adverts are there on the front page? Find the index. How many sections are there in the paper? Where will you find the sports pages? What is the subject of the editorial? Find the letters to the editor. What is the weather forecast for the next day? What are your stars for today?

Voc.: lead story – Titelgeschichte; index – Inhaltsverzeichnis

Create your favourite version by cutting and pasting.

Task 7: Writing a (picture) story

Most news stories stick to the 5 Ws and 1 H (who – what – where – why – when; how?), but there is also a new style involving a reporter telling a story. In tandems **write** your own story, using pictures, cartoons and/or some interesting news item. Identify the Ws/H and structure your own story accordingly. Share in plenary. Use the worked example:

Scaffolding

Rome (3-21-2016). – Last week Pope Francis published his first photograph on his own Instagram account. It shows the Head of the Catholic Church deep in prayer and carrying the comment "Pray for me" in nine languages, from Polish to Arabic. In future, the Pope will share photos and short videos with users of his platform all over the world. On Saturday, he announced on his Twitter account to go new directions: "I will start on a new road, on Instagram, to join you on our path of mercy and the love of God."

Worksheet 3: Exploring media (2 pages)

Task 8: Make a list of your personal reading and viewing habits, referring to newspapers, books, and watching TV. **Distinguish** between likes and dislikes and name sources you trust and cannot trust. Share your opinions in plenary and **discuss** the impact on your daily lives.

Scaffolding

programs/ content	**source**	**trusted/ not trusted**	**likes/dislikes**	**impact**	**comment**
sports events	newspaper, sports channel, radio, Internet		exciting, boring, informative, aggressive, political, wrong, biased, dull	information, entertainment, opinions	...
adventure story	books, newspapers, radio, Internet		... (as above)		...
news	newspapers, radio, Internet, TV		... (as above)		...
yellow press	newspapers, Internet		... (as above)		...
cookery	TV, Internet		... (as above)	information, skills	...
soaps	TV, Internet		... (as above)	entertainment, amusing	...
science fiction	books, newspapers		... (as above)	fantasy, future, new ideas	...
educational	TV, Internet		... (as above)	school, hobbies	...
movies	TV, cinema, Internet, DVD		... (as above)	leisure time, entertainment	...

Voc.: to distinguish – unterscheiden; yellow press – Regenbogenpresse; soaps – Seifenoper; boring/dull – langweilig; biased – voreingenommen

Task 9: Can you believe it? Look at the story about the Pope on Instagram again (task 3).

Discuss with a partner, whether the event is real or fantasy. Indicate which details point into one or the other direction. Do a research on the Internet under the heading "Pope goes digital".
This is a likely event, because (modern church, young people, big audience, effective, social networking etc).
This is only fantasy, not real, because (religion – not on the Internet, old-fashioned, people's feelings, praying is private, wrong publicity etc)

Voc.: likely – wahrscheinlich, realistisch; unlikely – unwahrscheinlich

Scaffolding

Focus on form

Talking about your media habits and writing about likely/unlikely events you will have to use different verb forms:

(a) present simple: Do you read books?
(b) present progressive: I am watching a film.
(c) present perfect (simple): Have you ever met a movie star?

Write down three examples of a, b and c and check with a partner. If in doubt, ask your teacher for explanation.

Task 10: Reviewing a TV show

Whatever your choice, try to remember a TV show you watched recently. In the channel's media library ("Mediathek") you are invited to write a short review, either recommending or criticizing the show. Write a review of 100 words and get feedback from a partner who shares the same taste.

Scaffolding

Writing a review

I watched "(name of program)" last week – I have never been – very impressed – quite bored – It was about – People say it's – I found it – It's based on – It's really popular – I like the character of – the storyline is – the happy ending was – I can recommend it, because – don't watch it, because ...

Worksheets 1 – 3: Anregungen zum Vorgehen und Lösungen

Worksheet 1: Electronic devices – curse or blessing?

Task 1: individuelle Lösungen

Task 2: individuelle Lösungen

Task 3:

Describe: Kids awake are probably online; except for their time at school; young Americans spend a lot of time with electronic devices
Explain: negative consequences could be behaviour problems, loss of concentration, lower grades
Discuss:
In einer *word cloud* soll ein bestimmtes Thema durch damit zusammenhängende *key words* verdeutlicht werden. Der Einsatz verschiedener Farben verstärkt beispielsweise positive oder negative Aspekte des Themas. Zum Beispiel kann eine *word cloud* folgendermaßen aussehen:

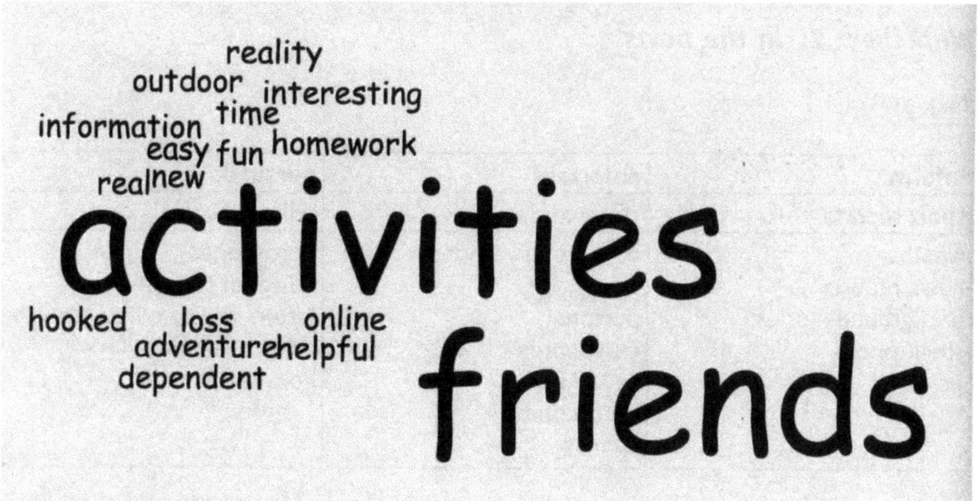

mögliche Lösung für die *word cloud* zu task 3:
Blue: information easily accessed, helpful with homework, interesting activities, fun, new friends, adventure
Red: online all the time, dependent on, fewer outdoor activities, no real friends, loss of reality, hooked

Task 4: Neben Beispielen für eine mögliche Version des Fragebogens sollte mit den Schülern besprochen werden, wie die gesammelten Informationen sinnvoll ausgewertet werden können. Dabei wurden die folgenden Aspekte in Frageform formuliert:

Zuverlässigkeit der Umfrage (Validität); wie repräsentativ sind die Ergebnisse ohne Klassifizierung der Befragten? Probleme bei der Datenerhebung und -auswertung; Tendenzen bei der Mediennutzung; eigene Konsumgewohnheiten.
Eine mögliche Version eines Fragebogens:
Which type of smart phone do you have?
What are your (favourite) video games?
How often (and how long) do you watch TV?
What are your favourite programmes? (name five, please)
Are you familiar with social networking?
Are you on Facebook? (why – why not?)
Do you use Twitter or other platforms?
Are smartphones allowed in your school?
What happens if you use a smartphone not allowed?
Can you make friends through social media? (Have you …?)
Do you feel you are losing friends when you are online very often?
Do you think you depend on your smartphone?
Have you ever spent a week without computer/smartphone?

Worksheet 2: In the news

Task 5:

inform	**entertain**	**persuade**
sport reports	crosswords	editorial
weather news reports background stories stock prices personal	background stories gossip personal crosswords agony aunt horoscopes comics	horoscopes editorial cartoon letters to the editor advertisements gossip

Task 6: individuelle Lösungen

Task 7: individuelle Lösungen

Worksheet 3: Exploring media

Task 8: In der Diskussion bringen die Schüler ihre Mediengewohnheiten zur Sprache, unterscheiden – mit Hilfe der Tabelle – zwischen vertrauenswürdigen Quellen und weniger glaubhaften und kommentieren die Ergebnisse.

Beispiellösung:

programmes/ content	**comment**
sports events	exciting, shared with my friends, needed to be update
adventure story	reading is fun, good entertainment, know about different countries/ places
news	not much interested, adult stuff
yellow press	can't trust headlines, too aggressive, stupid
cookery	good for parties, but don't cook much myself
soaps	fun entertainment, persons I like or can identify with, unlikely stories
science fiction	my favourite, forget about problems, new ideas, fantastic worlds
educational	can be useful, supports my research or home work
movies	good fun, going out with friends, easy on the Internet

Task 9: Musterlösung:

This is a likely event, because Pope Francis wants a modern church, above all he wants to reach young people. He is a Pope finding time for the social media where he can address a wide audience. His messages can be effective because he uses social networking and can talk to people who don't go to church.
This is only fantasy, not real, because religion and the Internet don't go well together. Many people attending church are old-fashioned and social media is not theirs. Besides, it might hurt people's feelings, because religion is private and should not be made public. With this the Pope will get wrong publicity.
Hinweis: Es handelt sich um eine reale Meldung, nachzulesen in FAZ vom 21. 03. 2016.

Focus on form

a) Do you play video games?
b) I am texting an sms.
c) Have you always used a smartphone?

Task 10: individuelle Lösungen

Unit 6: Explorers and Aborigines

(Sek. I: 4./5. Lernjahr, A2/B1)

Allgemeine Erziehungsziele:
geographische und historische Kenntnisse;
internationale Beziehungen und Verständigung;
interkulturelles Verständnis und ethnische Perspektiven

Ziele fremdsprachlicher Bildung:
Erforschung landeskundlicher Aspekte;
Arbeit mit Landkarten;
Siedlungsgeschichte Australiens;
botanische Forschung und Praxis;
Profile bekannter Wissenschaftler;
Abenteuergeschichten;
indigene Australier

Inhalte und Themen:
a German university dropout;
mapping the Red Center;
the German baron;
Aboriginal plants

Fertigkeiten, Fähigkeiten, Anbahnung von Kompetenzen
GeR (Auszüge):

Kann etwas erzählen oder in Form einer einfachen Aufzählung berichten (Europarat 2001: 65); kann eine eingeübte, kurze, einfache Präsentation zu einem vertrauten Thema vortragen (66); kann sich in einem Interview verständlich machen (und Informationen und Ideen zu vertrauten Themen mitteilen) (85); kann elementare Sprachfunktionen ausführen und auf sie reagieren, z. B. auf einfache Art Informationen austauschen, Bitten vorbringen, Meinungen und Einstellungen ausdrücken (122); kann längere Texte nach gewünschten Informationen durchsuchen und Informationen aus verschiedenen Textteilen zusammentragen, um eine bestimmte Aufgabe zu lösen (B1 – 75).

Bildungsstandards Englisch/Französisch für den Mittleren Schulabschluss
(Auszüge):

Kann mit einfachen Mitteln Gegenstände und Vorgänge des Alltags beschreiben... (KMK 2004: 13); zusammenhängende Texte zu vertrauten Themen aus eigenem Interessengebiet verfassen (B1) (14); Fähigkeit und Bereitschaft zur Wahrnehmung und Analyse fremdkultureller Perspektiven (16); Schüler sind neugierig auf Fremdes, aufgeschlossen für andere Kulturen und akzeptieren kulturelle Vielfalt (16); verschiedene Hör- und

Lesetechniken auf unterschiedliche Textarten (z. B. Sachtexte, Artikel, literarische Kleinformen) anwenden (16); mit Hilfe von Stichworten, Gliederungen, Handlungsgeländern Texte mündlich vortragen oder schriftlich verfassen (17); selbstständig, mit einem Partner oder in Gruppen längere Zeit arbeiten (18).

Sprachfokus:

Redemittel und Strukturen mit thematischen Bezügen; Informationsgewinnung; Textauswertung und Zuordnungen; Bearbeitung von Dialogen und weiteren Textsorten; Quiz und Zusammenfassungen erstellen

Lehr- und Lernstrategien:

identifying information; research; note taking, inside-outside circle, compiling word banks, reasoning, mediation, participating in discussions

Evaluation:

formatives Feedback (im Rahmen der Lernaktivitäten) mit *word banks, allocations*; summatives Feedback: Bewertung der *discussion* und Quiz-Antworten

Zum Vorgehen allgemein und zur Nutzung des *worksheet compass* siehe Unit 1.

Scaffolding: Mediation

Auf *mediation* (Sprachmittlung) bezogene *language activities* gewinnen als fünfte sprachliche Teilkompetenz eine zunehmend größere Bedeutung im kompetenzorientierten FSU und sind auch Bestandteil der Abschlussprüfungen. Mediation erweitert damit die traditionellen *linguistic skills* um eine neue, fünfte Fertigkeit. Es handelt sich damit nicht um die weitgehend vernachlässigte Übersetzung, sondern um eine sinngemäße und adressatenbezogene Übertragung von mündlichen und schriftlichen Texten in eine andere Sprache, in dieser UE vom deutschen Original in eine *English summary*. Lernende werden häufig mit dieser Aktivität konfrontiert, insbesondere bei realen Kontakten im Zielsprachenland und/oder einem Schüleraustausch.
Auch im GeR ist festgehalten: „Sprachliche Aktivitäten, also die Umformung eines schon vorhandenen Textes, nehmen eine wichtige Stellung im alltäglichen sprachlichen Funktionieren unserer Gesellschaft ein" (Europarat 2001: 26). Sprachmittlungsaufgaben entsprechen in besonderem Maße der Triade des kompetenzorientierten FSU als Wissen-Können-Wollen und sind vor allem im Rahmen von komplexeren Lernaufgaben geeignet. Ob es sich um die Übertragung des Gedenkblattes einer Briefmarken-Edition (wie in Task 7) oder um andere Aufgabenformate wie die Anbahnung von Sprach- und Schreibanlässen handelt – Mediation gelingt effektiv und erfolgreich, wenn sie den Schritten *paraphrase – bridge – reduce – render – summarise – scan – put into context – scaffolding* folgt und insbesondere die Kompetenzen des *bridging* (Sprachbrücke) und *rendering* (Wiedergabe)

trainiert werden. Weil Sprachmittlungsaufgaben noch wenig in den aktuell ablaufenden FU eingebettet sind, könnte die Lehrkraft auch in den weiteren UEs immer wieder Einsatzmöglichkeiten erproben, z. B. bei *UE 11 Asterix & Co* Zeitungstexte einbeziehen.

Übersicht UE 6: Explorers and Aborigines

Worksheet compass

phase	activities of		additional activities	scaffolding
	teachers	students		
planning	issues/problems to be solved	making selections	…	worksheet compass
	guiding questions and outcomes	learning goals evaluation	special tasks	mediation*
complex task	Explorers and Aborigines	think-pair-share*, working in groups, presentations	create a quiz*	research, gallery walk*, inside-outside circle* etc
worksheet 1	A German university dropout	task 1: explain task 2: outline	task 3: discuss	word bank*
worksheet 2	Mapping the Red Center	task 4: outline	task 5: research, explain	research
worksheet 3	The German baron	task 6: compare task 7: mediation*	task 8: discuss	discussion
worksheet 4	Aboriginal plants	task 9: explain task 10: research task 10: create a quiz*	task 11: write a summary	Aboriginal plants

Worksheet 1: A German university dropout (2 pages)

Ludwig Leichhardt, who was the first white man to cross the Australian continent in the 1840 s, was lost in the desert. Use Leichhardt's profile to find out more about the explorer's fate. You might also wish to explain why he gave his name to a joint German-Australian stamp issue in 2013.

Leichhardt's profile

Ludwig Leichardt (1813 – 1848?) was born in Prussia and educated at the universities of Berlin and Göttingen, where he studied medical and natural sciences but left without a degree. He arrived in Sydney in February 1842 and wanted to explore the inland of Australia. He undertook three major expeditions in Australia:

- an overland journey from the Darling Downs, Queensland to Port Essington in the Northern Territory from October 1844 to December 1845,
- an unsuccessful attempt in December 1846 to cross Australia from east to west,
- and a final east-west quest to cross the continent from the Condamine River, Queensland to the Swan River in Western Australia.

In March 1848 Leichhardt began his last attempt to cross Australia with a group of explorers. They were never seen again, despite a number of major searches over a period of almost a century to try and find them. Leichhardt and his men may have been killed by Aborigines defending their land. They may have drowned in a flood through a dry creek bed. Most likely they died of thirst and hunger in a desert which Leichhardt hadn't studied before. No certain traces have ever been found.

He is well remembered in both Australia and Germany with a number of places and schools carrying his name. The Australian novelist Patrick White (1912 – 1990) made Leichhardt the main character in his novel Voss (1957). In the novel, Voss (aka Leichhardt) is no ordinary hero. He is described as a 'shabby stranger', 'a madman. But harmless mad a funny sort of man'. In the novel: 'I expect you will consider it imprudent, Mr. Voss, if I ask you whether you have studied the map?' 'The map?' repeated the German. 'I will first make it ... I will cross the continent from one end to the other. I have every intention to know it with my heart'.

Leichhardt always showed great interest in the Aborigines and tried to understand their culture. In return, they welcomed him warmly and guided his expedition, as he noted in his expedition diary: 'At the big Pandanus swamp, another tribe of black fellows guided us over the swamp and behaved very kind ... At the mouth of the East Alligator, Eooanberry's and Minotelli's tribe were equally hospitable and kind. At the north bank of the river we met Bilge's tribe, Bilge being the most important personage amongst them. At Nywall's Lagoon, Nywall treated us with imberbi (the root of a species of convolvulus), and two black fellows guided us two days farther. At Monmorris Bay we met Baki Baki and at Raffles Bay Bill White's tribe and Bill White himself guided us into the settlement'. (http://www.gutenberg.org/files/5005/5005-h/5005-h.htm and http://gutenberg.net.au/ebooks02/0201121.txt) (last accessed March 2016)

Task 1: Please, select the words unknown to you and check their meaning in a dictionary, digital or printed. **Explain** them in the box below:

Word bank:

....

....

....

....

Task 2: After reading Leichhardt's profile **outline** the main facts describing his fate:

- ....
....
- ....
....
- ....
....

Task 3: **Discuss** why there is a stamp issue about him in both Australia and Germany?

See: https://www.noteworthy-collectibles.com/2013-Australia-Post-Stamp-Sheetlet-Pack-Leichhardt-Joint-Issue-with-Germany (last accessed October 2016)

- ....
....
- ....
....

Worksheet 2: Mapping the red centre (2 pages)

Task 4: On this map, **outline** the expeditions of explorers and enter other, modern Australian place names.

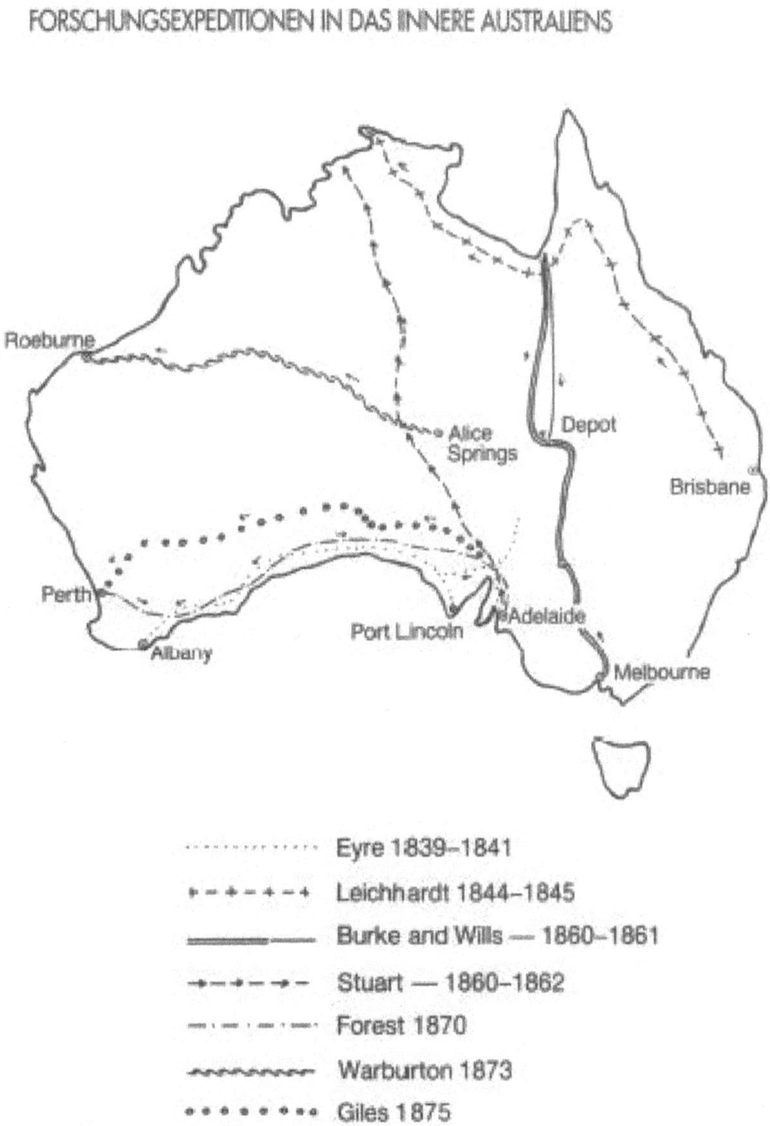

Task 5: Research the activities of other explorers' names on the map (Eyre – Burke and Wills – Stuart – Forest – Warburton – Giles) and **explain** why their expeditions would be of some importance for the early European settlers. Enter your findings in the table below and present them in plenary.

For settlers expeditions were important because

....

....

....

(unknown, wild land)

....

....

....

(possible to start farms, build houses?)

....

....

....

(other people living there?)

....

....

....

(whose land is it?)

....

....

....

(transport, connections)

....

....

....

(climate)

Worksheet 3: The German baron (3 pages)

Task 6: Read the following conversation with a partner and list the activities of this remarkable baron. You might want to find out more about him and the reason why there was even a joint Australian-German stamp in 1996. Take notes and **compare** your findings in plenary.

Peter Schwarzbauer, whose parents came from Marburg to Melbourne during the Olympic Summer Games 1956 and decided to stay there, is a student at Monash University and has invited his long-time friend Karin to visit the Royal Botanic Gardens (RBG) in his hometown. He has known Karin from a student exchange and is going to explain to her why to see the RBG is a must and that its founder was a German Baron.

Karin: Hi, Peter. You keep talking about this Baron Ferdinand von Mueller. Is he really such a big guy?

Peter: Well Karin, first of all – he isn't anymore but was! He died in 1896.

Karin: Oh, how boring!

Peter: Not at all boring. He used to be a great and very interesting man.

Karin: So he was great! I love tall men, they are so sexy.

Peter: Sexy or not – I don't know. He certainly was great and important, but rather small in stature.

Karin: I see. Well, sometimes important men are much sexier than big, strong men. But why was he so great?

Peter: Ferdinand von Mueller was a great botanist, but also a great scientist. He was a famous German but also an important Australian. Born in Rostock, he studied in Northern Germany, in Kiel. But he wasn't a very healthy person – both his parents died from tuberculosis – and so his doctor advised him to move to a warmer climate. That's why he came to Australia, where he worked as a Royal Botanist in Melbourne for 40 years. He became the first director of the Royal Botanic Gardens and he died here in Melbourne.
But he was a small man, too – small in size. Once dancing with a rather tall lady people laughed at him because it looked so funny!

Karin: That wasn't very nice. Great men should be shown more respect. Was he quite well-known then as a botanist?

Peter: Yes, indeed. He belonged to the most respected people in Melbourne and everybody knew that he was very efficient. They said he was working everyday from early morning till midnight.

Karin: Good heavens! That must have been very stressful for his family. What did his wife have to say about this?

Peter: He never married. He was engaged three times but it seems that the ladies must have noticed that he was really only married to his job. So they all left him.

Karin: So he wasn't too sexy after all.

Peter: Maybe not. But it was good for Australia that he put all his energy into his work.

Karin: Does a director of the Botanic Gardens have so much to do?

Peter: Maybe not every director – but von Mueller even was on many expeditions in Victoria and Northern Australia. He constantly discovered new plants and named them. In Australia alone he named thousands of plants and categorised them.

Karin: Amazing. But tell me, what do you mean by "categorizing" plants?

Peter: Well, look. All plants belong to certain families. There are, for example, the families of gum trees or acacias – we call them wattles in Australia.

Karin: I see. So what else did he find out about plants?

Peter: He checked plants and tested whether they would be useful for some things like making furniture with them or building houses. Whether you could eat them or use their fruit, or make medicine out of them.
Karin: Oh, I know. I have heard about good Australian tea-tree-oil or oil from eucalyptus
Peter: That's right.
Karin: Talking about wood for building houses or making furniture – I find that furniture here in Australia looks very much like that in Europe. And I have seen many oak and lime trees, as well as pines. Those are European plants, aren't they?
Peter: You are quite right. Interestingly enough, von Mueller was something like an ecologist in his time. He wanted to preserve the Australian environment and was fascinated by the unique flora here. But European settlers in Australia needed to build houses and furniture, but also used fruit and vegetables for food. This is why von Mueller took care to introduce European plants.
Karin: That can't have been too easy?
Peter: Quite so. From his European friends – many of them botanists too – he got a great number of seeds. He then tested whether they would grow here and get used to the warm climate. He even introduced birds and insects to create an ecological cycle.
Karin: Then he must have written many letters?
Peter: Oh yes. He was very busy writing to his friends in Germany and England. He seems to have written about ten letters every day and even made copies. Since they didn't have copy machines then, he held his letters over steam and put them onto new paper. Australia Post honoured his activities twice with his own stamps – in 1948 and 1996!
Karin: You said that von Mueller was interested in expeditions as well?
Peter: This is correct. Even if he couldn't go himself, he supported other expeditions with his money. He was fascinated by the young German explorer Ludwig Leichhardt who didn't return from his last expedition. Mueller was very sad about this and spent a lot of his money to find him ....
Karin: I think I would like to find out more about this German baron and his gardens. So let's go soon.
Peter: I have an idea. When we go to the RBG, I can show you his house where he lived and worked and even a gum tree that carries his name. But I also have to tell you that he was not too popular with some people. They thought him to be too much of a scientist and only wanted a nice garden to visit without being told about all his research. Anyway, near the main entrance you will see von Mueller's bust and we'll take it from there.

Scaffolding:

Baron Ferdinand von Mueller was a busy man. He worked more than ten hours every day, because he wanted

- to live as a botanist in Australia for health reasons
- to find new plants
- to give them names and categorise them
- ....
- ....
- ....
- ....

Task 7 (mediation*): Baron von Mueller's statue is situated at the entrance of the Royal Botanic Gardens in Melbourne and commemorates the contribution of the German scientist and explorer to the Australian culture, especially because he was the founder of the gardens. During your exchange visit to Melbourne you send this picture to a German friend explaining the contents of the plaque attached to the statue. Mediate (and do not translate) the text for him in German.

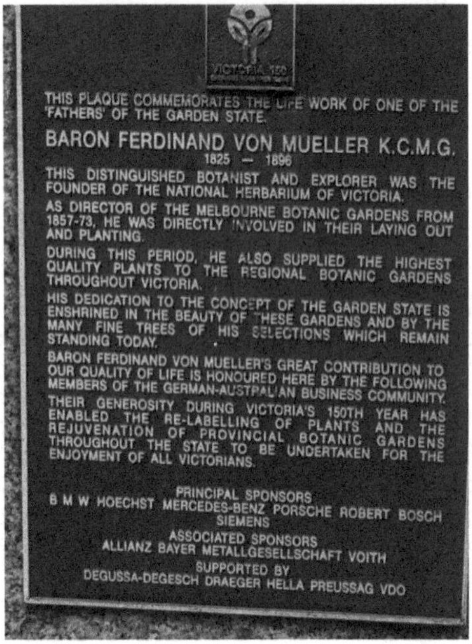

Task 8: Discussion

There was a joint stamp issue with Baron Ferdinand von Mueller as well – find out more about the connection between Leichhardt and the Baron (see also task 2 and 5). What did they have in common? Work in an inside-outside circle*. Present your findings in plenary during a discussion on the role of German scientists in Australia (past and present).

Worksheet 4 (additional activity): Aboriginal plants (2 pages)

Note: As with Native Americans in the USA or First Nations in Canada, it is important to use the right names talking about the original inhabitants of Australia. They would be called "Aborigines" and can also be called "Aboriginal people" – any abbreviations of this are thought to be rude and must not be used!

Aboriginal people – the indigenous Australians

Australia is the only country, which is a continent as well – and the oldest and least settled at that. Aborigines have lived here for more than 50,000 years and have a proud culture, which is almost lost to us.

Before European settlement, which is now dated by scientists to have started more than 50,000 years ago, Australia had about 400,000 Aboriginal inhabitants. They were very clever at using the natural resources they could find, especially native plants. There were 700 tribes living in the whole continent with different languages, religions, living and hunting habits – using various weapons, utensils and decorations.

In certain places, Aborigines started fires; this so-called "fire-stick farming" was important to enable fresh plants to grow, which were used for their own food and better food for animals. If particular regions were not burned down regularly, growth would slow down or stop. By controlling the fire special plants were protected while others could be gotten rid of. Aborigines knew exactly how animals would react to fire. Animals feeding on new shoots growing after the fires could be hunted and killed easily. Finally, fire had a stimulating effect on the growth of plants.

Aboriginal people in Australia were hunters and gatherers. For this they had to be fit – physically and mentally. And they needed to have a good knowledge of their habitat and the way animals moved and behaved. They depended on what nature could offer them in terms of food and shelter, and this is why they led a nomadic life and moved from place to place. Each tribe moved within the boundaries of a certain region. They were only able to carry a few things with them, like spears, sticks for making fire and digging for food.

Australian plants were a great source for foodstuffs, medicine, materials for building shelters, weapons and fibres for nets and ropes. In dry areas Aborigines would eat mostly roots, onions and bulbs. These different plants provided for a balanced diet and enough vitamins. Some plants were poisonous and had to be treated or heated before eating. Seeds and beans had to be prepared, grinded and made into dampers. Bush medicine was very efficient as a result of precise observation.

Task 9: Please, select the words unknown to you and check their meaning in a dictionary, digital or printed. **Explain** them in the box:

Word bank:

....

....

....

....

Task 10: Research and collect facts about the main features of the Aboriginal culture; also use the information from the given text.

Scaffolding:

- Settled in Australia .... ago
- Came from ....
- Languages
- Music
- Medicine
- Special features unknown in other cultures
- ....

Task 11: Skimming and scanning* the above text, **create a quiz** about the history of Aborigines.

Quiz about "the Story of the Aborigines":

1. How many Aborigines lived in Australia before white contact – i. e. the arrival of white people from Europe?
2. Why was fire important for their plants?
3. How did Aborigines live before white contact?
4. What did Aborigines use plants for?
5. ....
6. ....
7. ....
8. ....
9. ....
10. ....

Task 12: Write a short **summary** about what should be known about Aboriginal culture.

....

....

....

Worksheets 1 – 4: Anregungen zum Vorgehen und Lösungen

Worksheet 1: A German university dropout

Task 1: Schüler tragen individuell – mit späterem Abgleich im Plenum – ihnen unbekannte Wörter und Ausdrücke in die *word bank* ein. Der Hinweis ist wichtig, dass nur solche Ausdrücke nachgeschaut werden, die nicht aus dem Kontext des Profils erschließbar sind. Dies gilt insbesondere für Ortsnamen und die Passagen aus dem Original-Tagebuch Leichhardts (Gutenberg-Text).

Die Erstellung der *word bank* kann auch im Plenum erfolgen, wenn diese Arbeitsweise den Schülern noch nicht vertraut ist und die Arbeit mit (digitalen) Wörterbüchern eingeübt werden muss. Ein Scaffolding dazu ist auch in den gängigen *Oxford/Cambridge dictionaries* zu finden.

Task 2:

- 1844/45: Leichhardt's first (overland) journey led him and his expedition from the Darling Downs in Queensland to Port Essington in what is now the Northern Territory.
- 1846: His attempt to cross Australia from east to west during the Australian summer ended unsuccessfully.
- 1848: In his last quest to cross the continent he went in the western direction from Queensland aiming for the Swan River in Western Australia. He and his men got perhaps lost in the vast desert in the middle of the continent. Although many search expeditions tried to find traces of the explorers, their fate was never cleared.

Task 3:

- A number of places in Australia and Germany carry Leichhardt's name, even schools are named after him. The searches for the remnants of his men have been filmed several times (in Germany on Terra X) and been the subject of regular newspaper reports.
- Leichhardt's character has been made immortal by becoming the main character in Patrick White's novel *Voss*, a German translation of which appeared only one year after its publication under the same title (1958). The Australian Nobel Prize Winner for Literature was able to draw on Leichhardt's expedition diaries. In the novel, Voss – who is Leichhardt – is presented as a strange character with a strong will to find out more about Australia's interior and the Aborigines.

Worksheet 2: Mapping the Red Centre

Task 4: Genannt werden können vor allem die Hauptstädte der australischen Staaten und Territorien (Sydney, Hobart, Darwin) sowie andere Ortsnamen, die von (historischem) Interesse sind (z. B. Fremantle, Geelong oder Ballarat).

Task 5: Schüler recherchieren Kurzprofile der in der Landkarte eingetragenen Australienforscher; besonderes Augenmerk kann auf die Herkunftsländer gelegt werden. Sie können auch dazu angeregt werden, ihre Recherche-Ergebnisse in ein „*Australian Scrap Book*" einzutragen oder ihr *pictionary** zu ergänzen.

Interessante Internetseiten zum Thema:
http://www.davidreilly.com/australian_explorers/leichhardt/ludwig.htm
http://images.google.de/imgres?imgurl=http://www.germanaustralia.com/images/mueller-bfm.jpg&imgrefurl=http://www.germanaustralia.com/e/mueller.htm&h=195&w=162&tbnid=mgxTzld3F0ml_M:&tbnh=90&tbnw=75&docid=mC55P6W84O-lQM&client=firefox-a&usg=__WfAJX5VcF2a5ZR2Ju3GDvHGYgQk=&sa=X&ved=0ahUKEwimtcvYifPNAhUFcRQKHY61CRcQ9QEINDAG (last accessed July 2016)

Worksheet 3: The German baron

Task 6: Der Inhalt der Konversation wird im Scaffolding-Bereich als „to do list" zusammengefasst.

Baron Ferdinand von Mueller was a busy man. He worked more than ten hours every day, because he wanted

- to live as a botanist in Australia for health reasons
- to find new plants
- to give them names and categorise them
- to check if plants could be useful for some things like making furniture of building houses
- to test if plants could be used for medicine
- to collect seeds and swap them with other European botanists
- to introduce birds and insects to Australia to create an ecological cycle
- to find out what happened to Leichhardt, because he was fascinated by his fellow-country man
- to use the botanical garden for research rather than pleasure, which made him unpopular with the public.

Task 7: *Mediation*. Die Inschrift der Müller-Statue wird nicht wörtlich übersetzt, sondern als *mediation** in ihrem wesentlichen Inhalt auf Deutsch zusammengefasst. Stichworte dabei sind:

- herausragender Botaniker und Forschungsreisender
- Gründer und Direktor des botanischen Gartens in Melbourne
- versorgte andere viktorianische Gärten mit Pflanzen hoher Qualität
- bereicherte den Staat Victoria um die Konzeption eines „Garden State"
- der Beitrag des Barons zu unserer Lebensqualität wird von der Deutsch-Australischen Wirtschaftsvereinigung geehrt

Task 8: *Discussion*. Die Ergebnisse der *mediation** werden in einem Kugellager (*inside-outside circle**) abgeglichen und dienen als Grundlage für eine Plenumsdiskussion über die Rolle deutscher Wissenschaftler in Australien. Bei größerem Interesse an diesem Thema erfolgt ein Blick auf die aktuelle Situation durch Lehrervortrag.

Worksheet 4 (additional activity): Aboriginal plants

Task 9: Mit der *word bank* wird das Wortfeld zum Thema „indigenous Australians" erschlossen und durch die eigenständige Bearbeitung aktuell verfügbar. Bei Abgleich der Ergebnisse in Gruppen und/oder im Plenum erfolgt zugleich eine Sicherung des Textverständnisses. Vorgehensweise im Übrigen wie bei Task 1.

Task 10 und 11: Das Scaffolding nutzt zunächst durch weitere Eintragungen der Schüler die Inhalte des Aborigines-Textes als Bausteine, die bei der Erstellung des Quiz über die Geschichte der Aborigines eingesetzt werden, um daraus Fragen zu formulieren. Der in Gruppen formulierte Fragebogen kann in Parallel-Klassen ausprobiert werden.

Task 12: Die Antworten zum Quiz ergeben die inhaltliche Struktur zu den individuellen Lösungen, die abschließend zu einem summmativen Feedback durch die Lehrkraft zur Verfügung stehen.

Unit 7: Landmarks in Games

(Sek. I: 4./5. Lernjahr, A2/ B1+)

Allgemeine Erziehungsziele:
interkulturelles Verständnis und unterschiedliche Perspektiven;
historische und allgemeine landeskundliche Kenntnisse;
kritische Urteilsfähigkeit (Kapital, Spekulation)

Ziele fremdsprachlicher Bildung:
landeskundliche und interkulturelle Kenntnisse;
Spielregeln und -strategien;
Spiele und Freizeit;
Lernorte in Chicago und Australien kennenlernen und erforschen

Inhalte und Themen:
Snakes and Ladders;
Chicagopoly – rules, strategies, gaming experience;
locations and landmarks, game instructions;
event cards and real estate

Fertigkeiten, Fähigkeiten, Anbahnung von Kompetenzen
GeR (Auszüge):

Kann etwas erzählen oder in Form einer einfachen Aufzählung berichten (Europarat 2001: 65); kann eine eingeübte, kurze, einfache Präsentation zu einem vertrauten Thema vortragen (66); kann elementare Sprachfunktionen ausführen und auf sie reagieren, z.B. auf einfache Art Informationen austauschen, Bitten vorbringen, Meinungen und Einstellungen ausdrücken (122); kann sich in einfachen, routinemäßigen Situationen verständigen, in denen es um einen einfachen und direkten Austausch von Informationen über vertraute und geläufige Dinge geht (35); kann eine Reihe einfacher Wendungen und Sätze schreiben und mit Konnektoren wie *und, aber* oder *weil* verbinden (67); kann längere Texte nach gewünschten Informationen durchsuchen und Informationen aus verschiedenen Textteilen zusammentragen, um eine bestimmte Aufgabe zu lösen (B1 – 75).

Bildungsstandards Englisch/Französisch für den Mittleren Schulabschluss
(Auszüge):

Kann mit einfachen Mitteln Gegenstände und Vorgänge des Alltags beschreiben… (KMK 2004: 13); unkomplizierte, detaillierte Texte zu einer Reihe verschiedener Themen aus… Interessengebieten verfassen, z.B. Erfahrungsberichte, Geschichten, Beschreibungen (B1) (14); zusammenhängende Texte zu vertrauten Themen aus eigenem

Interessengebiet verfassen (B1) (14); Fähigkeit und Bereitschaft zur Wahrnehmung und Analyse fremdkultureller Perspektiven (16); verschiedene Hör- und Lesetechniken auf unterschiedliche Textarten (z. B. Sachtexte, Artikel, literarische Kleinformen) anwenden (16); mit Hilfe von Stichworten, Gliederungen, Handlungsgeländern Texte mündlich vortragen oder schriftlich verfassen (17); selbstständig, mit einem Partner oder in Gruppen längere Zeit arbeiten (18).

Sprachfokus:

Informationen strukturieren und bearbeiten; Wort Definitionen; Wortfelder; Spielregeln

Lehr- und Lernstrategien:

identifying information, note taking, allocating information, think-pair-share, games in groups, strategy discussion, designing game instructions, writing event cards and quizzes

Evaluation:

formatives Feedback (im Rahmen der Lernaktivitäten) mit *word banks, allocations, rubrics, designing game instructions*; summatives Feedback: Bewertung der Spielregeln und Quiz-Resultate

Zum Vorgehen allgemein und zur Nutzung des *worksheet compass* siehe Unit 1.

Übersicht UE 7: Landmarks in Games

Worksheet compass

phase	activities of		additional activities	scaffolding
	teachers	students		
planning	issues/problems to be solved	making selections	…	worksheet compass
	guiding questions and outcomes	learning goals evaluation	special tasks	…
complex task	Landmarks in Games	think-pair-share*, working in groups, presentations	writing event cards, game rules	allocations, rubrics, research, strategies, design
worksheet 1	Snakes and Ladders	task 1: outline, design task 2: explain task 3: discuss	task 4: play game	game strategy and set up
worksheet 2	Chicagopoly	task 5: design, play game		game strategy and location
worksheet 3	Game instructions	task 6: design, model task 7: create event cards	task 8: explain	worked models

Worksheet 1: Snakes and Ladders (2 pages)

How to proceed in your games unit?

Task 1: You are invited to play two traditional games, one from Australia (Snakes and Ladders) and one from the USA (Chicagopoly). The rules are similar to well-known German games (like *Mensch ärgere dich nicht* und *Monopoly*), but come with a difference – the event cards.

Event cards (in tasks 7 and 8) are part of the game strategy, but have to be designed by you first, based on information about Australia (answering questions) and famous landmarks in Chicago (research on the Internet). They will help you to get to know the landmarks and locations of both Australia and Chicago much better and also familiarise yourself with new vocabulary.
When talking about games and playing them, a set of special words is used, many of which can be found in game instructions. Please, find about ten special "game words" and enter them in the word bank below, **explaining** their meaning and usage.

Word bank: Games

....

....

....

....

Task 2: *Aussie Snakes and Ladders* is a game which you are invited to play in your group; first, you need to familiarise yourself with the rules and aims of the game and **outline** them. Do that in groups of five and note down the most important moves. Report your results in plenary.

If no ready-made board is at hand, you can **design** your own version and use markers from another game like ludo (*Mensch ärgere dich nicht*).

Scaffolding: Game instructions

Game profile:

number of players: one to six, up to six markers, one dice, event cards, game board, age: 6–96

Snakes and Ladders (*Leiterspiel*) is the cousin of Ludo (*Mensch ärgere dich nicht*) and in our case based on Australian animals and locations.

Preparations:

The game board* is placed in the middle of all players. Each player gets a coloured marker and places it on the starting point of the same colour. The youngest player starts. The game is played clockwise.

More detailed rules can be found on http://www.wikihow.com/Play-Snakes-and-Ladders (last accessed July 2016).

Task 3: How to play a game not only depends on following certain rules. You also need a good strategy to win. In an inside-outside circle* **explain** to each other the strategies for "Snakes and Ladders" in order to make best use of the game instructions. Make sure you understand how the game works, how it is different from other games you know and how to win it. Open questions should be **discussed** in plenary.

Strategy:

The player whose turn it is casts the dice. The number on the dice shows the spaces s/he can move forward. If you end up on a red space, you can use the ladder on it. The ladder making an upward move possible goes to an event space. The ladder showing downward points at a negative event. Space number 3 is an exception in that your move is slowed down – you miss one turn!

End of game:

Whoever reaches the goal first is the winner. You can only put your marker into the goal, however, if your dice shows the exact number of moves. Otherwise you need to go back by the surplus numbers. For example, if a player is on space 97 (of 99 spaces) he needs a dice figure of 2 to win. If s/he casts a number 6, s/he must make a move 2 and then go back 4 spaces.

Task 4: Now that you know the way the game is played, have a suitable game board ready and can use the special game words, you are ready to play. **Playing** for the first time, it might be useful to record your individual steps. And the winner is …

(* you'll find an example of a game board in the **glossary**)

Worksheet 2: Chicagopoly

A great game about the windy city of Chicago.
Chicagopoly is based on the location of Chicago and the well-known game Monopoly – hence the name. Playing it will cover many landmarks of the windy city of Chicago ("windy" because it is the town where Al Capone used to commit his crimes but also due to the strong winds coming from Lake Michigan and hurling through the alleys created by the big skyscrapers of the city).

Task 5: If no ready-made game board is at hand, **design** one in your group first, modelling it on "Monopoly". Games instructions and strategies are to be found in the following scaffolding. You then **play** in a group of 4 – 6 persons, taking notes in important moves. And the winner is …

You'll find examples of the game on this Website: http://www.myabandonware.com/game/chicagopoly-4a2 (last accessed July 2016)

Chicagopoly is a game similar to the traditional family entertainment "Monopoly".

Scaffolding:

The game consists of:
6 tokens (markers), skyline sections (names of famous streets and skyscrapers in Chicago), keys to the city, event cards, play money and dice. Number of players: 2 – 6, age: 10 – 96.

Preparations:
As you move along the board with your marker, you can buy and sell properties (so-called deeds) and get money from a bank. Other players who end up on your property have to pay rent to you (as indicated on the event cards).

Strategy:
Before starting the game, deeds are shuffled and four deeds are dealt to each player. Players immediately pay the bank the price of property dealt to them. Each player has been given $ 1600 for starters. Your aim is to increase your income by using your property and getting as much rent as possible.

End of game:
At the end of one hour, players value their property including cash at the price indicated on the board. The winner is the richest player.

Worksheet 3 (additional activity): Designing game strategies (2 pages)

Task 6: You can **design** your own game strategy by using the information on Australia and Chicago below. Make sure that the players are given the right numbers of markers, event cards and a board with the fitting landscape (either Australia (also called OZ by the locals) or Chicago). You will be able to **model** your own game strategy on the scaffolds for Snakes and Ladders and Chicagopoly above in tasks 3 and 5.

Option 1: Australia

Scaffolding:

Australia (OZ)

Event cards are based on the location of Aussie Snakes and Ladders:
Australia used to have two airlines. Ansett stopped operations in the late 1990s, Qantas is now the only airline in Australia. People wonder why it is not written with the common “Qu”; the reason is simple: Qantas is the acronym of Queensland and Northern Territory Air Service. It started from the capital of Queensland, Brisbane. This city is also the ideal starting point for tours to the Great Barrier Reef, which is made up of living corals. Other famous and interesting places to see in Australia – also called OZ by the locals: the Great Ocean Road along the Southern Pacific, a wild sea with many shipwrecks, the Royal Botanic Gardens (RBG) in Melbourne, the capital of Victoria, founded by the German Baron Ferdinand von Mueller or Horsham in Northern Victoria where early German settlers found a new home and plenty of gold as well. But the first settlers to arrive were the Aborigines, therefore called the indigenous people of Australia. This continent also has many animals nowhere else in the world to be found – like koalas, emus and kangaroos, which are shown on stamps of Australia Post.

Task 7: Using this information about OZ, you can now **create** your own event cards for Aussie Snakes and Ladders. The basic idea is: Players knowing the correct answers can move forward. If they don’t they have to go down the ladder again. Enjoy the game!

Scaffolding: Event cards (quiz)

question	answer
The capital of Queensland is?	
What is the Great Barrier Reef made up of?	living corals
What is the name of the road along the Southern ocean, famous for many shipwrecks?	
Who founded the Royal Botanic Gardens in Melbourne?	
Where would you go to find gold in Australia?	Ballarat
How do Australians call their country?	
Why is Qantas spelled without a “u?	
Lovely stamps of kangaroos and koalas are available from?	

question	answer
What is at the end of Australian Internet addresses?	
Aborigines, the first settlers in Australia, are called?	
What is the capital of Victoria?	
The town where many settlers from Germany started?	Horsham
This animal only looks like a teddy bear …	
Where were you able to go with Ansett?	
What is the Australian currency?	
Who is Australia's head of state?	
What is the Australian Open?	

Option 2: Chicago

Task 8: Also, event cards in Chicagopoly are based on famous locations in the Windy City. The value (cost) of these locations to buy and rent (mortgage value) depends on the tourists' choices, so you need to find out more about their details – please **explain** in the table below:

place	details	cost and mortgage value
Navy Pier		\$ 175 \$ 75
Michigan Avenue		\$ 250 \$ 100
The Water Tower		\$ 425 \$ 200
Sears Tower		\$ 310 \$ 160
Lincoln Park Zoo		\$ 90 \$ 50
Oak Street Beach		\$ 90 \$ 50
O'Hare Airport		\$ 80 \$ 30
Thompson Centre		\$ 150 \$ 80
The 'El'		\$ 70 \$ 30
you can find more locations on: http://www.architecture.org/ (last accessed March 2016)	Soldiers Field Goethe Institute Lincoln Park Chicago University Lake Shore Drive …	\$ … \$ …

Worksheets 1 – 3: Anregungen zum Vorgehen und Lösungen

Task 1: Die Event Cards sind didaktische Ergänzungen zu den Spielen, um die Schüler zu Recherchen anzuregen und ihre landeskundlichen Kenntnisse zu Australien und Chicago zu erweitern.
In die *word bank* werden Ausdrücke zu Spielen eingetragen und erklärt.

Worksheet 1: Snakes and Ladders

Task 2: Die Spielregeln ähneln denen von „Mensch ärgere dich nicht" mit *upward (ladders)* und *downward (snakes) movements*. Das Spielbrett wird nach einer Vorlage des Originalspiels (z. B. unter: https://www.pinterest.com/gardengamesire/snakes-ladders/ (letzter Zugriff April 2016)) von den Schülern gestaltet.

Task 3: Schüler erklären sich die Spielregeln in einem Kugellager und diskutieren die Spielstrategie im Plenum.

Task 4: Während des Spiels notieren die Schüler ihre Spielzüge.

Worksheet 2: Chicagopoly

Task 5: Zur Vorbereitung machen sich die Schüler mit den Spielregeln vertraut (im *scaffolding*).

Worksheet 3 (additional activity): Game instructions

Task 6: Schüler formulieren ihre eigenen Spielregeln auf der Grundlage des jeweiligen *scaffolding* von *Snakes and Ladders* und *Chicagopoly.*

Task 7:

question	**answer**
The capital of Queensland is?	Brisbane
What is the Great Barrier Reef made up of?	living corals
What is the name of the road along the Southern ocean, famous for many shipwrecks?	Great Ocean Road
Who founded the Royal Botanic Gardens in Melbourne?	Baron Ferdinand von Mueller
Where would you go to find gold in Australia?	Ballarat

question	answer
How do Australians call their country?	OZ
Why is Qantas spelled without a "u?	the acronym for **Q**ueensland **a**nd **N**orthern **T**erritory **A**ir **S**ervice
Lovely stamps of kangaroos and koalas are available from?	Australia Post
What is at the end of Australian Internet addresses?	.au
Aborigines, the first settlers in Australia, are called?	indigenous people
What is the capital of Victoria?	Melbourne
The town where many settlers from Germany started?	Horsham
This animal only looks like a teddy bear ...	koala
Where were you able to go with Ansett?	only within Australia
What is the Australian currency?	Australian dollar
Who is Australia's head of state?	Queen of England
What is the Australian Open?	yearly tennis tournament in Melbourne

Task 8:

place	details	cost and mortgage value
Navy Pier	amusement centre on Lake Michigan	\$ 175 \$ 75
Michigan Avenue	prime shopping precinct with expensive shops	\$ 250 \$ 100
The Water Tower	historic building erected 1869, originally to hide a huge water pump	\$ 425 \$ 200
Sears Tower	used to be the tallest skyscraper in the Southern hemisphere with a zip code of its own	\$ 310 \$ 160
Lincoln Park Zoo	animal sanctuary in North Chicago	\$ 90 \$ 50
Oak Street Beach	the only urban beach in the Central Business district	\$ 90 \$ 50
O'Hare Airport	main airport, built by German architect Helmut Jahn	\$ 80 \$ 30
Thompson Centre	built by same architect Helmut Jahn	\$ 150 \$ 80

place	**details**	**cost and mortgage value**
The ‘El’	famous elevated trains running in Chicago	$ 70 $ 30
you can find more locations on: http://www.architecture.org/ (last accessed March 2016)	Soldiers Field Goethe Institute Lincoln Park Chicago University Lake Shore Drive ...	$ ... $ ...

Unit 8: English Traditions

(Sek. I: 3./4. Lernjahr, A2/B1)

Allgemeine Erziehungsziele:
historische und landeskundliche Informationen;
kritische Überlegungen zu Liedtexten;
kulinarische Traditionen und Rezeption von Kinderbüchern und Märchen

Ziele fremdsprachlicher Bildung:
Textsorte Rezepte verstehen, anwenden und selbst entwickeln;
Textsorte Lieder: gestufte Analyse;
Geographie und Kultur in Zielsprachenländern;
kritische kulturelle Vergleiche

Inhalte und Themen:
scones and Devonshire Tea;
nursery rhymes;
English traditions

Fertigkeiten, Fähigkeiten, Anbahnung von Kompetenzen
GeR (Auszüge):

Kann etwas erzählen oder in Form einer einfachen Aufzählung berichten (Europarat 2001: 65); kann eine eingeübte, kurze, einfache Präsentation zu einem vertrauten Thema vortragen (66); kann elementare Sprachfunktionen ausführen und auf sie reagieren, z. B. auf einfache Art Informationen austauschen, Bitten vorbringen, Meinungen und Einstellungen ausdrücken (122); kann eine Geschichte erzählen (B1) (67); kann längere Texte nach gewünschten Informationen durchsuchen und Informationen aus verschiedenen Textteilen zusammentragen, um eine bestimmte Aufgabe zu lösen (B1 – 75).

Bildungsstandards Englisch/Französisch für den Mittleren Schulabschluss
(Auszüge):

Kommt mit Zahlen, Mengenangaben, Preisen und Uhrzeiten zurecht (A1) (KMK 2004: 84); kann mit einfachen Mitteln Gegenstände und Vorgänge des Alltags beschreiben, z. B. Rezepte, Wegbeschreibungen, Spielregeln, Bedienungsanleitungen (A2) (13); zusammenhängende Texte zu vertrauten Themen aus eigenem Interessengebiet verfassen (B1) (14); Fähigkeit und Bereitschaft zur Wahrnehmung und Analyse fremdkultureller Perspektiven (16); Schüler sind neugierig auf Fremdes, aufgeschlossen für andere Kulturen und akzeptieren kulturelle Vielfalt (16); verschiedene Hör- und Lesetechniken auf unterschiedliche Textarten (z. B. Sachtexte, Artikel, literarische Kleinformen) anwenden (16); mit Hilfe von Stichworten, Gliederungen, Handlungsgeländern Texte mündlich vortragen oder schriftlich verfassen (17); selbstständig, mit einem Partner oder in Gruppen längere Zeit arbeiten (18).

Sprachfokus:

Sprachmittel für Rezepte und Küchentraditionen; Analyse von Songtexten; kritische Überlegungen zu historischen Zusammenhängen

Lehr- und Lernstrategien:

identifying information, note taking, allocating information, inside-outside circle, think-pair-share*; gapped and scrambled texts, research and presentations*

Evaluation:

formatives Feedback (im Rahmen der Lernaktivitäten), insbesondere mit *word banks*, research results, gapped and scrambled texts*; summatives Feedback: sprachliche und inhaltliche Bewertung der Schülerrezepte durch Lehrkraft oder *peer-group correction**

Zum Vorgehen allgemein und zur Nutzung des *worksheet compass* siehe Unit 1.

Scaffolding: Working with songs

Dass Lieder in der Form von *folk-, pop-songs* oder *chansons* besonders für den Einsatz im FSU geeignet sind, bedarf angesichts der Häufung in Unterrichts- und Begleitmaterialien keiner besonderen didaktischen Begründung. Dabei liegen die spezifischen Lernchancen vor allem darin, dass sie an die Alltagssprache (der Jugendlichen) anknüpfen, zahlreiche Sprechanlässe schaffen, dazu einladen, Ungereimtheiten aufzuklären, den Sprachrhythmus schulen und insgesamt Themen der Jugendlichen wie Liebe, Identitätssuche und Alltagsprobleme thematisieren (vgl. im Einzelnen Haß 2006: 157 f.).
Auch was die Funktion von Songs und die damit verbundenen sprachlichen Aktivitäten betrifft, ergibt sich ein breites Spektrum, das so konzentriert in kaum einer anderen Textsorte anzutreffen ist. Es reicht von Emotionen, die zu Phantasiereisen und kreativem Schreiben anregen, über unbewusstes Lernen, Nachsprechen, Interpretationen, kognitive Prozesse, Wortschatz, Grammatik, Vertonen von Eigentexten, bis hin zu interkulturellem Lernen, für Hörverstehen, Erzählen, *soundscapes* fremder Kulturräume und Verarbeitung fremder Realitäten (Surkamp 2010: 228).
Ob historisch geprägt oder aktuell-kritisch bezogen, enthalten die *lyrics* von *songs* ein hohes Potenzial an Aktivierung, nicht zuletzt, weil manche auch starke emotionale Reaktionen auslösen, wenn man die Beispiele von Eric Clapton *„See you in heaven"* über den Tod seines kleinen Sohnes oder den Klassiker von Leonard Cohen *„Suzanne"* anhört. Damit sind sie eine willkommene Ergänzung fiktionaler und nichtfiktionaler Texte und in ihrem authentischen Format immer eine Reise um den Globus wert. Denn sie bilden nicht nur die Lebens- und Erfahrungswelt der Lernenden ab, sondern bestätigen auch

nachvollziehbar die enge Verbindung von Sprachenlernen und Musik in ihrer positiven Wechselwirkung. Aber auch die Instrumentalmusik enthält – gestützt durch entsprechendes Scaffolding – starke Lern- und Kommunikationsimpulse.

Übersicht UE 8: English Traditions

Worksheet compass

phase	**activities of**		**additional activities**	**scaffolding**
	teachers	**students**		
planning	issues/problems to be solved	making selections	…	worksheet compass
	guiding questions and outcomes	learning goals evaluation	special tasks	working with songs
complex task	English Traditions	think-pair-share*, working in groups, presentations, cooking experience	writing recipes, converting measures, explaining traditions	research, gallery walk*, inside-outside circle* etc
worksheet 1	Scones and Devonshire Tea	task 1: outline task 2: explain task 3: compare task 4: convert, write shopping list task 5: comment on	task 6: describe task 7: create	recipes and cooking traditions
worksheet 2	Just a nursery rhyme?	task 8: point out task 9: describe task 10: explain task 11: discuss	task 12: discuss task 13: research	songs and history
worksheet 3	English Traditions	task 14: outline	task 15: compare	critical thinking

Worksheet 1: Scones and Devonshire Tea (4 pages)

Task 1: Cream Scones and Hot Cross Buns are famous afternoon foods in Great Britain. Team up with a partner and choose either recipe A or B. Find out more about the ingredients and **outline** the recipe, later reporting on your findings in class.

Voc.: recipe: Rezept; ingredients: Zutaten

(picture: B.Klewitz)

Cream Scones (recipe A)	**Hot Cross Buns** (recipe B)
Ingredients: ½ pound of flour, 3 oz. of butter or margarine, 1 teaspoon of baking powder, 1 gill of milk, ½ gill of cream, a pinch of salt	Ingredients: 1 lb plain flour 1 tsp salt 1 tsp ground cinnamon 1 tsp mixed spice 2 oz butter 2 tsp caster sugar 2 oz currants 1 oz candied peel 1 oz fresh yeast 10 fl oz milk 1 medium size egg

Voc.: pound: englische Maßeinheit; gill: altenglische Maßeinheit für Flüssigkeiten; pinch: Prise

Voc.: currant: Johannisbeere; cinnamon: Zimt; candied peel: gezuckerte Schale; yeast: Hefe

Task 2: How to make it? Swap partners and study the method of cooking and **explain** it. Make sure you understand the technical cooking terms.

Method:

Cream Scones (recipe A)	**Hot Cross Buns** (recipe B)
Sift the flour, salt and baking powder together in a basin, rub in the fat, add gradually the cream and milk, and work into a light paste. Roll out on a floured board a ¼ of an inch thick. Stamp out into rounds with a 2-inch cutter, place them on a greased baking-sheet, and bake for about 15 minutes. Brush over with sweetened milk when nearly done, and return to oven for 5 minutes. Sufficient for 1 dozen.	Sieve the flour with the salt and spices into a large bowl. Rub in the butter and add the sugar (saving a little for the yeast), currants and candied peel. Cream the yeast with the remaining sugar and add the tepid milk. Pour into the centre of the flour and leave to sponge for about 10 minutes, then mix to a dough with the beaten egg. Cover the bowl with a clean tea towel and leave in a warm place to rise. When the dough has doubled its size, turn on to a floured board, knead well and divide into twelve portions. Roll each into a flattened ball shape. Cut a deep cross on each one and place on a floured baking tray. Leave to prove for about 20 minutes, then bake in a hot oven at 200 C for about 20 minutes. Brush the buns with a light glaze made by dissolving a little sugar in water.

Task 3: Cooking terms used in recipes can be quite different from everyday English. Familiarise yourself with some of them by completing the scaffolding below. Draw on the given examples of the two recipes and work in groups. **Compare** findings in plenary.

Scaffolding:

Word bank cooking

(words describing "what to do" when preparing the food)

- to sift
- to rub in
- to rise
- ....
- ....
- ....
- ....

Task 4: Unfortunately, this very old recipe in Mrs Beeton's cookery book – mentioned in task 1 – (1861!) uses old British measures – in order to be able to bake the cream scones (alternatively the hot cross buns), you first need to **convert** them into European standards, in other words into grams and litres.

Table of measures and ingredients

	English amount/weight	European standard
plain flour	½ lb (pound)	225 gr.
butter	3 oz (ounces)	
baking powder	tsp	
milk	1 gill (1/4 pint)	
cream	½ gill	
salt	1 pinch	
ground cinnamon	tsp	
spice	tsp	
caster sugar	2 tsp	
currants	2 oz	
candied peel	1 oz	
fresh yeast	10 fl oz (fluid ounces=1/2 pint)	

Voc.: tsp: short for teaspoon: Teelöffel; pinch: Messerspitze, Prise

Task 5: What will it be?

Scones – muffins – buns?

After a research based on the Internet and/or cookery books at hand, you can **comment on** the differences between these important items used in a Devonshire Cream Tea. Share you results in plenary:

....

....

....

The differences are not easy to explain. As starters, here is what a native Scotsman has to say about this:

Scaffolding:

Muffins – buns – scones?

"A bun can be everything, a proper cake, a scone, a tart, a biscuit, soft and round and like a small cake or bigger with fruit in. May have icing, various tops.
A scone is one particular item, small round, floury, sweet with jam even cream (a cream tea) or cheesy. Wonderful mid-morning.
A muffin is now an American import e.g. in Starbucks, a "bun" with blueberry, rather larger than the appetite of me for one, to keep company with their awful coffee. My old Chambers dictionary says hot with butter, but Maggie says this is a crumpet, but is what I think of it" says Hamish McKenzie from Edinburgh.

Task 6: Document your own findings: **describe** when and where to eat scones and buns and muffins.

Research-Scaffold:

	season	**main feature**	**time of day**	**my favourite recipe**
muffins	all seasons	American import, large, with blueberries etc	afternoon tea	
buns				
scones				
German variety		große Vielfalt, berühmt ist Schwarzwälder Kirsch		

Task 7: Choose your favourite product and **create** a recipe, if necessary after consulting the chef in your family. There are two parts in each recipe (as in Mrs Beeton's): ingredients and cooking process. How many helpings do you need for your class? Work in groups and try out by baking it; share with your class. Remember "the proof of the pudding is in the eating".

Worksheet 2: Just a nursery rhyme? (3 pages)

Task 8: Listen to this nursery rhyme – which is also a children's song – on Youtube: https://www.youtube.com/watch?v=6RmzV9QgnlQ (last accessed April 2016). **Point out** what the song is about in general, talking to a partner.

Lyrics: Baa baa black sheep

Baa, baa, black sheep, have you any wool?
Yes sir, yes sir, three bags full!
One for the master,
One for the dame,
And one for the little boy
Who lives down the lane.
Baa, baa, black sheep,
Have you any wool?
Yes sir, yes sir,
Three bags full…
Baa, baa, white sheep,
have you any wool?
yes sir, yes sir,
three needles full.
one to mend a jumper,
one to mend a frock,
and one for the little girl,
with holes in her sock.
Baa, baa, white sheep,
have you any wool?
yes sir, yes sir,
three needles full.
Baa, baa, grey sheep,
have you any wool?
yes sir yes sir,
three bags full.
One for the kitten,
one for the cats,
and one for the owner,
to knit some woolly hats.
Baa, Baa, brown sheep,
have you any wool?
yes sir, yes sir, three bags full.
One for the mummy,
One for the daddy
and one for the little baby
Who lives down the lane.
Baa, baa, bare sheep,
have you any wool?
No sir, no sir, no bags full.
None for the master,
none for the dame,

Illustration by William Wallace Denslow 1901 (well known for his drawings for *The Wonderful Wizard of OZ*): https://commons.wikimedia.org/wiki/Nursery_rhymes (last accessed April 2016).

and none for the little boy
who lives down the lane.
Baa, baa bare sheep,
have you any wool?
No sir, no sir,
no bags full …
(Written By: Unknown, Copyright: Unknown found on: http://www.kididdles.com/lyrics/b001.html last accessed June 2016)

Task 9: Listen for a second time, check for words you don't know and have a closer look at the lyrics. **Describe** how many parts the song has – these parts are also called stanzas.

So, decide how many stanzas this nursery rhyme has and focus on the contents of the nursery rhyme. Use think-pair-share* for this activity.

Scaffolding:

Working with songs

Step 1: In the (..) stanzas – describe the differences, what changes?
- black sheep, wool for master, dame and little boy
- repetition
- ....
- repetition
- ....
- ....
- ....
- repetition

Step 2: What happens to the wool? What about the bare sheep?
- ....

....

Step 3: Often metaphors (symbols) are used in songs and rhymes to get across a certain meaning – also called the message of a song. These will be discussed in task 15.

Task 10: Focus on "sheep shearing terms". **Explain** words in the scaffolding below. Again, use think-pair-share* for this activity.

Scaffolding:

Sheep shearing terms

sheep shearer –

sheep shearer competition –

local customs (Scotland) –

processing wool –

to mend a jumper –
woolly hat –
lane –
kitten –
needle –
wool and cotton –

Task 11: In an outside-inside circle* **discuss** what the differently coloured sheep could stand for. There are some possibilities to choose from:

	symbol of	**meaning**
black sheep	black people, African Americans	racial prejudice
white sheep	white skin colour	
grey sheep		
brown sheep		
bare sheep		

Task 12 (additional activity): Can you find other symbols in this nursery rhyme? **Discuss** their meanings (you will get some ideas in worksheet 2, task 13) in plenary.

Task 13 (additional activity): Research the history/story of the song; you will also find some hints for "messages" in nursery rhymes in the gapped text of task 15.

origin	**meaning/metaphor**	**discrimination versus … politically correct?**
since the 1730 s; French melody	complaint against taxes on wool; …	referring to the text (task 15): …

Worksheet 3: English traditions (2 pages)

Task 14: "There are few hours in life more agreeable than the hour dedicated to the ceremony known as afternoon tea." (Henry James 1843 – 1916, American writer who says writers must be realistic and show life in action).

But be careful – the following text is scrambled, so you need to list the paragraphs in the right order and **outline** them again:

1. .... (.....)
2. .... (.....)
3. .... (.....)
4. .... (.....)
5. .... (.....)

Devonshire Cream Tea

A. The pause for tea became a social event, becoming a habit for Anna, who would invite friends to join her in her drawing room and dressed up very formally – with gowns, cloves and hats.
B. So, she asked for some tea, bread and butter in-between. The Earl of Sandwich came up with the idea of putting a fitting between two slices of bread, including thinly sliced cucumber sandwiches.
C. Nowadays, afternoon tea, especially of the Devonshire type, is served in many hotels all over Britain.
D. The idea of 'afternoon tea' first appeared in the mid 17th century. The story is that Anna, Seventh Duchess of Bedford, became very hungry during the afternoon. Usually, the evening meal in her household was served as late as 8 o'clock at night, leaving long hours between lunch and dinner.
E. Devonshire Cream Tea is famous for its scones, strawberry jam and Devonshire clotted cream. It is taken at 5 o'clock with many cups of strong, sweet tea.

Voc.: drawing room: Wohn- oder Empfangszimmer; gown: Gewand, Umhang; clotted cream: dicke Sahne

Task 15: Nursery Rhymes

Test your knowledge by filling in the gaps in the text below.
Work with a partner and **compare** results in plenary.
In the scaffold you will find the words missing in the text. Be careful, as they might not be in the right order.
Find out their meaning first, using a digital dictionary.

(www.pixabay.com; last accessed April 2016)

Scaffolding:

Gapped text

1. limericks
2. cruel
3. rhymes
4. historical
5. psychologists
6. taste
7. league
8. political correctness – politische Korrektheit, richtige Wortwahl
9. discrimination against – Diskriminierung von Menschen, Rassismus
10. nursery
11. protest
12. tales
13. slavery

.... are a collection of children's songs used for activities in the kindergarten or .... – hence the name. They often have historical contents and meanings and refer to events in the history of Great Britain.
The oldest children's songs are lullabies and intended to help children sleep or calm. The first nursery rhymes to be collected appeared in England in the middle of the eighteenth century, but also have a tradition in Germany – like "Des Knaben Wunderhorn". Many of them have hidden meanings or origins. There are links to .... persons (Henry VIII or Mary Queen of Scots) and events or narratives – coded forms of protest, propaganda but also simply written for fun.
A case in point is "Baa baa black sheep" with a lot of speculation about its origins and meaning. Some people believe that this rhyme was a .... against heavy wool taxes or against .... in the USA. Modern ideas refer to the rhyme as criticism .... people with different skin colour – wanting ....
Nursery rhymes are in the same .... with fairy tales, sometimes quite bloody and ...., connected with violence and crime. So there have been recent attempts to 'clean them up' by putting in different words. But .... like Bruno Bettelheim ("Kinder brauchen Märchen" – original version "The Uses of Enchantment") were against such revisions, because they thought that nursery rhymes and fairy .... were good for them and allowed them to overcome their fear of violence or death. Set to music nursery .... are thought to be good for children's development and education, training many skills like memory, ... for music or playing in groups. Similar ideas are connected with ....

Worksheets 1 – 3: Anregungen zum Vorgehen und Lösungen

Worksheet 1: Scones and Devonshire Tea

Task 1: Schüler wählen ein (historisches) Rezept und sichern in Tandems ihr Textverständnis mit anschließendem Bericht im Plenum.

Task 2: Die Zubereitung des Gebäcks wird ebenfalls zum Gegenstand einer Ergebnissicherung; dabei erfolgt eine intensive Spracharbeit durch Erfassen der *cooking terms.*

Am Ende steht die Sicherung der *cooking terms* in der entsprechenden *word bank* (individuelle Lösungen mit Abgleich im Plenum).

Task 3: Das Scaffolding wird als *word bank* vervollständigt. Im Austausch innerhalb der Lerngruppe kann es auch von anderen Schülern genutzt werden, die sich weniger intensiv mit dem Wortfeld auseinander gesetzt haben.

Task 4: Schüler rechnen die historischen Maße und Gewichte um. Für die Umrechnung kann eine Tabelle genutzt werden: http://www.englisch-hilfen.de/words/measures.htm (last accessed July 2016).

	English amount/weight	**European standard**
plain flour	½ lb (pound)	225 gr.
butter	3 oz. (ounces)	75 gr.
baking powder	tsp	teaspoon
milk	1 gill (1/4 pint)	142 ml.
cream	½ gill	71 ml.
salt	1 pinch	pinch
ground cinnamon	tsp	teaspoon
spice	tsp	teaspoon
caster sugar	2 tsp	2 teaspoons
currants	2 oz.	50 gr.
candied peel	1 oz.	25 gr.
fresh yeast	10 fl oz. (fluid ounces=1/2 pint)	275 ml.

Task 5: Der im Scaffolding (*Muffins…*) angebotene Text kann für individuelle Antworten als Baustein genutzt werden.

Task 6:

	season	main feature	time of day	my favourite recipe
muffins	all seasons	American import, large, with blueberries etc	afternoon tea	individual solution
buns	Easter time	has icing and/or various tops	breakfast and afternoon tea	individual solution
scones	summer time	small, round, floury with jam or cream	breakfast	individual solution
German variety	cakes cookies and sweets	great varieties, *Schwarzwälder Kirsch* is world famous	any time	individual solution

Task 7: individuelle Lösungen

Worksheet 2: Just a nursery rhyme?

Task 8: Vor dem (zweimaligen) Anhören erfolgt ein kurzer Lehrervortrag über den Platz von *nursery rhymes* in der anglophonen Tradition.

Hinweise z. B. unter: http://www.bbc.com/culture/story/20150610-the-dark-side-of-nursery-rhymes (last accessed July 2016).

Task 9:

Working with songs

Step 1: In the (8) stanzas – describe the differences, what changes?

- black sheep, wool for master, dame and little boy
- repetition
- white sheep, wool for making clothes and for a little girl
- repetition
- grey sheep, wool for kitten and cats, the owner who can knit
- brown sheep, wool for a family living close by
- no wool, sheep are bare
- repetition

Step 2: What happens to the wool? What about the bare sheep?

- used for different purposes: mending clothes, knitting, using in a family;
- addressed after the shearing

Step 3: Often metaphors (symbols) are used in songs and rhymes to get across a certain meaning – also called the message of a song. These will be discussed in task 13.

Task 10: Aufbau des entsprechenden Wortfeldes im *think-pair-share*-Verfahren

Sheep shearing terms
sheep shearer
sheep shearer competition
local customs (Scotland)
processing wool – weaving, knitting, Scottish tartans, weaving mills (New Lanark)
to mend a jumper – to repair
woolly hat – head cover
lane – small street
kitten – young cat
needle – to knit
wool and cotton – raw materials for making clothes

Task 11: mögliche Lösung:

	symbol of	**meaning**
black sheep	black people, African Americans	racial prejudice
white sheep	white skin colour	best quality from a racist point of view
grey sheep	lacking special traits	perhaps inferior quality
brown sheep	coloured people	racial prejudice
bare sheep	being too late	pun on obvious results after the shearing is done

Task 12 (additional activity): individuelle Lösungen

Beispielsweise können genannt werden:
little boy – not much left for him after heavy wool taxing (king, church)
black sheep – back luck, fleeces could not be dyed

Task 13 (additional activity): Schüler können auch dem Text in Task 15 inhaltliche Hinweise entnehmen.

origin	**meaning/metaphor**	**discrimination versus ... politically correct?**
since the 1730s; French melody	complaint against taxes on wool; slave trade – Southern USA; discrimination because of skin colour	referring to the text (task 17): historical events; state taxes burden the poor; inequality of African-Americans; racial prejudice versus protest; propaganda; written for fun; cleaning up of forbidden words, but children need to overcome fear of violence or death (as in fairy tales, nursery rhymes).

Worksheet 3: English Traditions

Task 14:

1. .... (E)
2. .... (D)
3. .... (B)
4. .... (A)
5. .... (C)

Task 15:

Nursery (10) **rhymes** (3) are a collection of children's songs used for activities in the kindergarten or **nursery** (10) – hence the name. They often have historical contents and meanings and refer to events in the history of Great Britain.
The oldest children's songs are lullabies and intended to help children sleep or calm. The first nursery rhymes to be collected appeared in England in the middle of the eighteenth century, but also have a tradition in Germany – like "Des Knaben Wunderhorn". Many of them have hidden meanings or origins. There are links to **historical** (4) persons (Henry VIII or Mary Queen of Scots) and events or narratives – coded forms of protest, propaganda but also simply written for fun.
A case in point is "Baa baa black sheep" with a lot of speculation about its origins and meaning. Some people believe that this rhyme was a **protest** (11) against heavy wool taxes or against **slavery** (13) in the USA. Modern ideas refer to the rhyme as criticism of **discrimination against** (9) people with different skin colour – wanting **political correctness** (8).

Nursery rhymes are in the same **league** (7) with fairy tales, sometimes quite bloody and **cruel** (2), connected with violence and crime. So there have been recent attempts to 'clean them up' by putting in different words. But **psychologists** (5) like Bruno Bettelheim ("Kinder brauchen Märchen" – original version "The Uses of Enchantment") were against such revisions, because they thought that nursery rhymes and fairy **tales** (12) were good for them and allowed them to overcome their fear of violence or death. Set to music nursery **rhymes** (3) are thought to be good for children's development and education, training many skills like memory, **taste** (6) for music or playing in groups. Similar ideas are connected with **limericks** (1).

Unit 9: Caledonia – Where it is and what it is

(Sek. I: 4./5. Lernjahr, A2/B1+)

Allgemeine Erziehungsziele:

Geschichte und Gegenwart Schottlands;
Rezeption von Liedern;
Perspektivenwechsel;
Umwelterziehung;
Umgang mit Medien;
aktuelle (politische) Fragen

Ziele fremdsprachlicher Bildung:

landeskundliche und interkulturelle Kenntnisse;
Geographie und Geschichte in Zielsprachenländern;
Länderprofile;
Liedinterpretationen;
emotionale Zugänge zu *cultural studies*

Inhalte und Themen:

narrative of Caledonia;
living in Scotland;
interview with Amy Macdonald

Fertigkeiten, Fähigkeiten, Anbahnung von Kompetenzen
GeR (Auszüge):

Kann etwas erzählen oder in Form einer einfachen Aufzählung berichten (Europarat 2001: 65); kann eine eingeübte, kurze, einfache Präsentation zu einem vertrauten Thema vortragen (66); kann elementare Sprachfunktionen ausführen und auf sie reagieren, z. B. auf einfache Art Informationen austauschen, Bitten vorbringen, Meinungen und Einstellungen ausdrücken (122); kann sich in einfachen, routinemäßigen Situationen verständigen, in denen es um einen einfachen und direkten Austausch von Informationen über vertraute und geläufige Dinge geht (35); kann eine Reihe einfacher Wendungen und Sätze schreiben und mit Konnektoren wie *und, aber* oder *weil* verbinden (67); kann längere Texte nach gewünschten Informationen durchsuchen und Informationen aus verschiedenen Textteilen zusammentragen, um eine bestimmte Aufgabe zu lösen (B1 – 75).

Bildungsstandards Englisch/Französisch für den Mittleren Schulabschluss
(Auszüge):

Kann zusammenhängende Texte zu vertrauten Themen aus eigenem Interessengebiet verfassen (KMK 2004: 14); Fähigkeit und Bereitschaft zur Wahrnehmung und Analyse

fremdkultureller Perspektiven (16); Schüler sind neugierig auf Fremdes, aufgeschlossen für andere Kulturen und akzeptieren kulturelle Vielfalt (16); verschiedene Hör- und Lesetechniken auf unterschiedliche Textarten (z. B. Sachtexte, Artikel, literarische Kleinformen) anwenden (16); mit Hilfe von Stichworten, Gliederungen, Handlungsgeländern Texte mündlich vortragen oder schriftlich verfassen (17); selbstständig, mit einem Partner oder in Gruppen längere Zeit arbeiten (18).

Sprachfokus:

Informationen strukturieren, bearbeiten und präsentieren;
*skimming und scanning**;
Vokabelarbeit mit *word banks**;
Interviewtechniken;
Songtexte bearbeiten

Lehr- und Lernstrategien:

tandem activities, think-pair-share, interpretation of songs, working with maps

Evaluation:

formatives Feedback (im Rahmen der Lernaktivitäten); summatives Feedback: Bewertung von Präsentationen und Interviews

Zum Vorgehen allgemein und zur Nutzung des *worksheet compass* siehe Unit 1.

Übersicht UE 9: Caledonia – Where it is and what it is

Worksheet compass

phase	activities of		additional activities	scaffolding
	teachers	students		
planning	issues/problems to be solved	making selections	...	worksheet compass
	guiding questions and outcomes	learning goals evaluation	special tasks	...
complex task	Caledonia – where it is and what it is	think-pair-share*, working in groups, presentations	planning a trip, conducting an interview	research, interpretation, working with maps, gallery walk*
worksheet 1	Scotland with love	task 1: explain task 2: research, discuss	task 3: describe, create	songs and emotions
worksheet 2	Living in Scotland	task 4: explain, compare task 5: discuss	task 6: discuss, compare	planning a trip
worksheet 3	Interview with Amy Macdonald	task 7: research task 8: delineate	task 9: role play	conducting interview

Worksheet 1: Scotland with love (3 pages)

Task 1: First impressions – what comes to mind when you think about Scotland? Compile a list of words typically connected with Scotland with your neighbour and swap ideas in class, where you can rank results in a top-ten-list. After ranking explain the reasons for your choice in key words.

If you deal with the word bank (see below!) first, you will get some additional clues …

Scotland – the Scots – Scottish …
whisky – tartans – kilt – bagpipes – Loch Ness Monster – Celtic Glasgow – Loch Lomond

Scaffolding:

Word bank (find out meanings by using a digital dictionary)

Celtic – ……………………………………………………………………………

meanness – …………………………………………………………………………

Gaelic – ……………………………………………………………………………

gulf stream – ………………………………………………………………………

tartan – ……………………………………………………………………………

kilt – ………………………………………………………………………………

……………………………………………………………………………………

Our top ten of Scotland:

……………………………………………………………………………………

……………………………………………………………………………………

……………………………………………………………………………………

……………………………………………………………………………………

……………………………………………………………………………………

……………………………………………………………………………………

……………………………………………………………………………………

……………………………………………………………………………………

……………………………………………………………………………………

……………………………………………………………………………………

Task 2: Listen to Amy Macdonald's song "Caledonia" – **research** (individually) what Caledonia means (i.e. where the name comes from – the scaffolded crib sheet below will help you) and **discuss** in groups why Amy's fans thought this was a love song when they listened to it originally.

It will be helpful to first divide the lyrics into individual stanzas and insert short headings. In this way you can find out easier what Amy Macdonald wants to express in her song and if she wanted to mislead her fans on purpose first. Note down your findings in your group.

You will find the lyrics of "Caledonia" on many websites relating to "Amy Macdonald"

Heading: ....

song lyrics ....

....

Heading: ....

song lyrics ....

....

Heading: ....

song lyrics ....

....

Heading: ....

song lyrics ....

....

Heading: ....

song lyrics ....

....

Heading: ....

song lyrics ....

....

"Caledonia":

....

....

....

....

Scaffolding: crib sheet

.... Latin .... the Romans .... land lying north of their empire .... province of Britannia .... never able to conquer .... inhabitants .... fierce Celts (calling themselves Picts) .... had to be contained .... big wall .... from Carlisle .... to Newcastle .... in some places .... public footpath .... "Caledonia" .... romantic or poetic name ....

Task 3: (additional activity)

With a partner, discuss what a video of Amy Macdonald's song "Caledonia" would look like and what aspects it might contain. **Describe** – in a few lines – how lyrics, music and photographs could be made to relate to each other.

Our music video:

Special effects by bagpipe music ....

Only landscapes, no people ....

Loneliness ....

Attractive scenery ....

Desire to come back ....

Film ending with ....

After presenting ideas of your video in plenary, get together in groups and **create** a presentation about the Scottish border to England, also called "Hadrian's Wall": http://hadrianswallcountry.co.uk/hadrians-wall (last accessed July 2016).

Worksheet 2: Living in Scotland (2 pages)

Task 4: Please, read this text. Scan the text first and underline words you cannot understand from the context. Working in tandems, write short definitions – in English, of course. The German version can be used as a scaffold of your findings. Compare results in plenary.

Scaffolding: word bank Scotland

awesome:
beeindruckend – English context: ....

Central Belt:
schottischer Landstreifen südlich der Highlands; – English context:

....

to host:
beherbergen; – English context: ....

Fringe Festival:
alternative Veranstaltungen (von fringe: Rand); – English context:

....

Jacobite Revolution:
Aufstand der Anhänger des schottischen Königs James; – English context:

....

responsibility:
hier Verantwortlickeit, Zuständigkeit; – English context:

....

to reject:
zurückweisen, ablehnen; – English context: ....

Text: Living in Scotland – where it is

Scotland is the most northern country in the United Kingdom and has around 790 islands off its coasts – 130 of which have people living on them. Scotland is well known for its awesome landscapes, beautiful beaches and lochs, which are fresh water lakes. There are over 600 square miles of lochs in Scotland including the most famous one, Loch Ness. Scotland has a population of over five million people, which is about 8.5 % of the entire UK population. Over two million of these live in Glasgow and Edinburgh and almost half of Scotland's population live in the Central Belt, where both the largest city (Glasgow) and the capital city (Edinburgh) are located.

Scotland hosts one of the biggest arts festivals in the world. It is commonly known as the Edinburgh Festival, but is actually made up of a number of different festivals which happen at different times of the year, although many of them do take place in August and September every year. Many people have heard of the Fringe Festival, but there are also the International Festival, the Film Festival, the Children's Festival and the Edinburgh

Mela which is an intercultural festival. Musically, Scotland has produced bands like Travis and Franz Ferdinand, more recently the singer-songwriter Amy Macdonald. Other famous Scottish artists include Ewan McGregor, Alexander McCall-Smith and of course J. K. Rowling.
In July 1999, the Scottish Parliament was opened, the first for over 300 years as Scotland had been governed from London ever since the Jacobite Revolution failed eventually. Scottish Parliamentary responsibilities include health, education, the law system and local government. The attempt, however, to complete this process of political devolution by gaining complete independence for Scotland failed in 2014. In a public referendum 55 % of Scottish voters rejected the idea to end the union with England lasting 307 years up to date.

Task 5: Discuss the given text with a partner. Write a crib sheet* containing the most important information in it with no more than 30 words. Present your results in plenary.

Task 6: Locate places of interest on a map provided by your teacher in the download section – showing the political borders within the UK. Plan a trip from Germany either by ferry or plane. How many borders do you have to cross? **Discuss** with a partner how easy it will be to get to Scotland and **compare** results in plenary.

Worksheet 3: Interview with Amy Macdonald (2 pages)

Task 7: Get together in groups of four and listen to some other songs by and from Amy Macdonald. In your groups do a **research** on her background and musical performance starting from the BBC website: http://www.bbc.co.uk/music/artists/6aa40207-fec8-43a7-991d-b872a42def05 (last accessed July 2016).

Amy Macdonald's songs:

....

Task 8: Delineate her background:

....

Task 9: After noting down main facts of interest about Amy Macdonald, please **conduct an interview** with the singer in your group by first inserting answers to the questions below. It will be fictitious for starters, but you can act it out later or at least send your questions to her official homepage (http://www.amymacdonald.co.uk/).

Scaffolding: These could be your questions to Amy (drawing on the information of Amy's website – see task 7 –, her answers won't be too difficult to put in):

Question: Amy Macdonald, thanks for granting us this interview. You are very busy right now. Can you tell us something about your plans?

Amy: ....

Question: We love your music, but you have written so many songs, it's a bit confusing. Could you just tell us a little about your last records, please?

Amy: ....

Question: OK, that's easy. But what happened then. We haven't seen or heard of you for a while?

Amy: ....

Question: When can we expect it?

Amy: ....

Question: What do you mean by "cover"?

Amy: ....

Question: So that makes your songs so special?

Amy: ....

Question: We hear that you don't like to be treated like a celebrity either?

Amy: ....

Question: But they say you also love fast cars?

Amy: ....

Question: You are a football fan as well?

Amy: ....

Question: What do you sing then? Footballer's wife?

Amy: ....

Question: Do you support a special club? A Scottish one?

Amy: ....

Question: Talking about favourites. You know that your first album got a very favourite reception in Germany?

Amy: ....

Question: Why Germany? How do you explain that?

Amy: ....

Question: And what about the UK? What is the song most played by the BBC?

Amy: ....

Question: Can we finish with a personal question?

Amy: ....

Question: After Steve Lovell, who is the new man on your side?

Amy: ....

(additional activity): For more advanced students, the questions can be replaced by short notes.

Worksheets 1 – 3: Anregungen zum Vorgehen und Lösungen

Worksheet 1: Scotland with love

Task 1: Scotland – the Scots – Scottish ....

whisky – tartans – kilt – bagpipes – Loch Ness Monster – Celtic Glasgow – Loch Lomond – meanness – Highlands – constant rain and stormy weather – gulf stream – palms on beaches – Gaelic language – Hadrian's wall – Harry Potter – Hogwarts – famous inventions –
ranking top-ten-list in class (individual solutions with key words)

Task 2:

Caledonia lyrics

she is losing her bearings; lines 1 – 4
Amy Macdonald sings about the changes that have come over her and fears that she might be drifting away.
changing her mood; lines 5 – 8
She remembers old stories and songs that make her think where she comes from and feel far away.
stating her feelings; lines 9 – 10
She expresses her feelings of love and her intensive memory of an unknown "you".
disclosing who she is talking to; lines 11 – 12
And she makes clear that it is Caledonia she is referring to and wants to go home there.
expressing a certain fear …**; lines 13 – 14**
In case she becomes a stranger she would be very sad.
… **and gratitude; lines 15 – 16**
Because she owes everything to her home country Caledonia.

Caledonia was the Latin name given to Scotland by the Romans. With it they described the land lying north of their empire, the province of Britannia. They were never able to conquer it because of the inhabitants, who were fierce Celts (calling themselves Picts) and had to be contained – from a Roman point of view – by a big wall crossing the British Island from Carlisle in the west to Newcastle in the east. It can still be seen in some places and is now used as a public footpath. In modern usage "Caledonia" is also taken as a romantic or poetic name for Scotland as a whole.

Task 3: (additional activity): individuelle Lösungen

My impression: In an MTV film based on "Caledonia" we would use photographs of Scottish landscapes, preferably the highlands, and add bagpipe music to them. In this way the photos will create special effects …
Special effects by bagpipe music: connects photos emotionally
Only landscapes, no people: impact of the pure landscape is shown
Loneliness: void of people, no one to talk to, feelings of being lost
Attractive scenery: landscape seems empty, but creates wish to be there
Desire to come back: combination of loneliness and memories of attractive landscapes underlines singer's wish to go back to her country of origin.
Film ending: mood of song livened up by inserting increasing volume of bagpipe music, underlining the "Scottishness" of the song "Caledonia".
individuelle Lösungen für Hadrian's Wall

Worksheet 2: Living in Scotland

Task 4: individuelle Lösungen

Task 5: Crib sheet

Living in Scotland – where it is.
northern awesome landscapes lochs five million people
Central Belt Glasgow Edinburgh
Edinburgh Festival Fringe Festival
famous Scottish artists: Travis Amy Macdonald J. K. Rowling.
Scottish Parliament Jacobite Revolution
political devolution referendum (30 words)

Task 6: Hinweise:

Wenn eine große Landkarte von Großbritannien im Klassenraum aufgehängt werden kann, auf der die politischen Grenzen des UK markiert sind, können die Schüler gruppenweise in einem *gallery walk** Informationen sammeln und in eine Reiseplanung umsetzen. Aktuelle Berichte über die Folgen des Brexit werden sinnvoller Weise miteinbezogen und können auch als *mediation* umgesetzt werden.*
Alternativ eine politische UK Karte im Downloadbereich.

Worksheet 3: Interview with Amy Macdonald

Task 7: individuelle Lösungen

Task 8: individuelle Lösungen

Task 9: mögliche Lösung (Antworten frei erfunden):

Question: Amy Macdonald, thanks for granting us this interview. You are very busy right now. Can you tell us something about your plans?

Amy: *That's alright. I love to talk to young people like you. Journalists' questions are more difficult for me. You have to watch what you are saying My plans at the moment (she laughs) – well, most of my day I spend in the bunker, I mean I am in the middle of recording my 4th CD album and the studio I'm working in I call the "bunker".*

Question: We love your music, but you have written so many songs, it's a bit confusing. Could you just tell us a little about your last records, please?

Amy: *Well, that's fine. Of course you are talking about my three CD-collections. The first one was "This is the Life" and was finished in 2007. My second album was published in 2010 under the title "A Curious Thing" and was followed by my last album "Life in a Beautiful Light" in 2012.*

Question: OK, that's easy. But what happened then. We haven't seen or heard of you for a while?

Amy: *Oh dear! I don't much like to talk about this. But in that year I had a break down in a Swiss hotel. I was on tour, caught a cold in Switzerland and didn't listen to my manager. So I was completely knackered (laughs about her Scottish colloquialism) and had to take a long rest. But I'm good now and in the middle of my next album.*

Question: When can we expect it?

Amy: *As I write all the songs myself, it'll take a while yet. Longer than many other singers who just cover …*

Question: What do you mean by "cover"?

Amy: *Just take some famous American singers. Most of them have their songs written by others or just sing somebody else's stuff.*

Question: So that makes your songs so special?

Amy: *(laughs at this) Well, it's not only that. I like my songs to be simple, like tunes you can join in. Some German folks even called my stuff "Gute Laune Musik" (one can hear her broad Scottish accent). Which is OK with me.*

Question: We hear that you don't like to be treated like a celebrity either?

Amy: *Look, I love Scotland. And Scotland is no' only beautiful but full of people leading simple lives. Especially in the Highlands and Islands, where there's still plenty of unspoiled nature. A lot of Sassenachs (1) come here for that reason. So, yes, I love a simple lifestyle …*

Question: But they say you also love fast cars?

Amy: *How do you know? Well, in fact that's quite true. Back home in Glasgow they have called me the fastest lady singer. But that doesn't affect my love of nature and things plain and simple.*

Question: You are a football fan as well?

Amy: *True, quite true. It was first Steve (2) who took me to soccer games. But I still go and watch Scottish teams. When they play internationally they even sometimes invite me to introduce their game by a song.*

Question: What do you sing then? Footballer's wife? (3)

Amy: *Oh, no no, not that. That was written to make fun of Beckham's wife and the likes. No, I always sing "Flower of Scotland" – this is our nation's secret national anthem. The soccer crowds just love it.*

Question: Do you support a special club? A Scottish one?

Amy: *Of course, I do. It is Glasgow Rangers. They are my favourites. Not Celtic Glasgow or the Hibs and Hearts of Edinburgh.*

Question: Talking about favourites. You know that your first album got a very favourite reception in Germany?

Amy: *Yes I do. In fact, it was in Germany of all places where it was the most popular of all.*

Question: Why Germany? How do you explain that?

Amy: *I think, Germans love Scotland. And they like my accent. Scotland – so Germans tell me – is a bit like Bavaria. Scotland is special for England, Bavaria for Germany.*

Question: And what about the UK? What is the song most played by the BBC?

Amy: *I'm not sure. I believe it's "Mr. Rock & Roll".*

Question: Can we finish with a personal question?

Amy: *Go ahead! If it's not too close …*

Question: After Steve Lovell, who is the new man on your side?

Amy: *I'll tell you a secret. His name is Arnold – he is black and white. In fact, he is a "schnauzer".*

Annotations:

1. derogatory term used for people from England
2. Steve Lovell, a Scottish soccer player, was Amy's fiancé of four years, they split up in 2012
3. compare "Angst vor Kompetenzorientierung?" in: 6/2010 Praxis FSU

You will find a real interview with Amy on this BBC website: http://bbc.in/1JDHBxw (last accessed March 2016).

Unit 10: Indian Stereotypes

(Sek. I: 4./5. Lernjahr, A2/B1)

Allgemeine Erziehungsziele:
Literatur verstehen;
landeskundliche Einblicke;
Stereotypen identifizieren und (historische) Zusammenhänge erfassen

Ziele fremdsprachlicher Bildung:
landeskundliche und interkulturelle Kenntnisse;
ethnisch geprägte Sichtweisen;
Stereotypen zuordnen und Vorurteile klären;
literarische Kenntnisse und Interpretationen;
literarische und Sachtexte bearbeiten;
kulturelle Beziehungen und Machtverhältnisse

Inhalte und Themen:
indigenes Integrationsprojekt;
Indian als „Label";
Rolle von Humor und Satire;
Einstellungen in Kanada und US-Amerika;
kulturell geprägte Reaktionen;
Lesetechniken (*reciprocal teaching*)

Fertigkeiten, Fähigkeiten, Anbahnung von Kompetenzen
GeR (Auszüge):

Kann etwas erzählen oder in Form einer einfachen Aufzählung berichten (Europarat 2001: 65); kann eine eingeübte, kurze, einfache Präsentation zu einem vertrauten Thema vortragen (66); kann elementare Sprachfunktionen ausführen und auf sie reagieren, z. B. auf einfache Art Informationen austauschen, Bitten vorbringen, Meinungen und Einstellungen ausdrücken (122); kann sich in einfachen, routinemäßigen Situationen verständigen, in denen es um einen einfachen und direkten Austausch von Informationen über vertraute und geläufige Dinge geht (35); kann eine Reihe einfacher Wendungen und Sätze schreiben und mit Konnektoren wie *und, aber* oder *weil* verbinden (67); kann längere Texte nach gewünschten Informationen durchsuchen und Informationen aus verschiedenen Textteilen zusammentragen, um eine bestimmte Aufgabe zu lösen (B1 – 75).

Bildungsstandards Englisch/Französisch für den Mittleren Schulabschluss (Auszüge):

Die Schüler können zusammenhängende Texte zu vertrauten Themen aus eigenem Interessengebiet verfassen (KMK 2004: 14); verschiedene Hör- und Lesetechniken auf unterschiedliche Textarten (z. B. Sachtexte, Artikel, literarische Kleinformen) anwenden (16); mit Hilfe von Stichworten, Gliederungen, Handlungsgeländern Texte mündlich vortragen oder schriftlich verfassen (17); selbstständig, mit einem Partner oder in Gruppen längere Zeit arbeiten (18).

Sprachfokus:

Sprachmittel für kulturelle Zusammenhänge und Zuordnungen;
thematisch orientierte Redemittel und Strukturen;
Informationen strukturieren und bearbeiten;
skimming und scanning;*
Rückmeldungen formulieren;
Stereotypen erklären und beurteilen

Lehr- und Lernstrategien:

identifying information, note taking and making, allocating information, think-pair-share, inside-outside circle*, reciprocal teaching*, gapped and scrambled texts; group work and presentations*

Evaluation:

formatives Feedback (im Rahmen der Lernaktivitäten) mit *note making, gapped and scrambled texts, crib sheets**; summatives Feedback: Bewertung der schriftlichen Ergebnisse auch in Form einer Klassenarbeit

Zum Vorgehen allgemein und zur Nutzung des *worksheet compass* siehe Unit 1.

Übersicht UE 10: Indian Stereotypes

Worksheet compass

phase	activities of		additional activities	scaffolding
	teachers	students		
planning	issues/problems to be solved	making selections	...	worksheet compass
	guiding questions and outcomes	learning goals evaluation	special tasks	...
complex task	Indian Stereotypes	think-pair-share*, working in groups, reciprocal teaching (RT)*, presenta-tions		allocating information, note taking, identifying information, gapped, scrambled texts
worksheet 1	Who is an Indian?	task 1: outline, explain task 2: discuss	task 3: evaluate	Aboriginal Curriculum Project
worksheet 2	Dead Dog Café	task 4: question, summarise, clarify, predict task 5: describe, explain	task 6: analyse task 7: characterise	working with literature
worksheet 3	The guest book	task 8: take turns (RR)* task 9: explain	task 10: analyse task 11: write entry	guest book entry
worksheet 4	Working with literature	task 12: reading blog	class test	reviewing; writing food critic

Worksheet 1: Who is an Indian? (2 pages)

The Aboriginal Curriculum Integration Project (ACIP) is located in school district 79 on Vancouver Island in Canada and provides information and cultural knowledge about the Canadian First Nations. A frequent issue in their activities concerns labelling people or even ethnic groups, because this might result in stereotypes and prejudice.

Task 1: Exchange views of your personal stereotypes or general teenage "labels" in tandems and **outline** them here:

Stereotypes and teenage labels

....

....

....

You can continue this exchange by moving into an inside-outside circle* and, in the process, **explain** related vocabulary on this topic. Discuss in plenary what other stereotypes or labels exist in society and school. Think about your own personal label again and who you would identify with.

Scaffolding – word bank

politically correct
Aboriginal
exotic
Garden of Eden
Caribbean
Los in Dios
Indian
Hindu
Hindustan
black and white people
foreigners
migrants

Task 2: Watch the video "Labelled"

http://acip.sd79.bc.ca/sharing-our-stories/identity-labelling-and-stereotypes/ (last accessed July 2016) and react to the story if you wish by stopping the clip. In a placemat-activity* write down notes by tracking your thinking, Record key words, phrases and interesting ideas. **Discuss** common ideas of your group in the middle section "reflections".
Present your group results in plenary and discuss the issues involved.

Image of a placemat

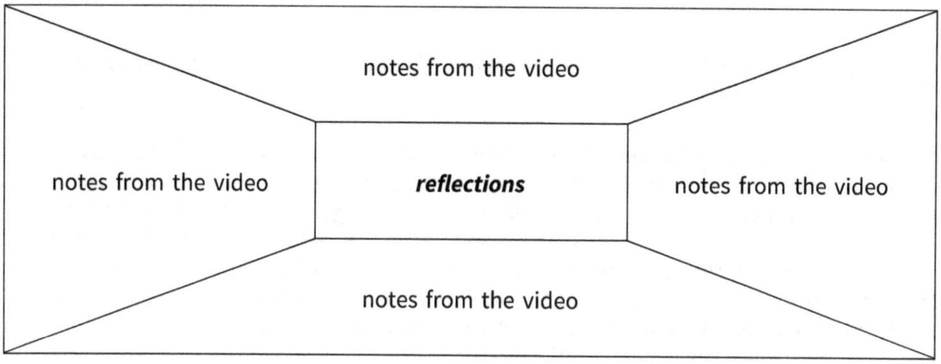

Task 3: Evaluate the discussion by writing a journal entry in your diary on the issue of labelling. Bear in mind that there are quite a number of words whose usage is deemed to be politically incorrect, e.g. “negroes”, “gypsies”, “gay” etc. Include one new idea that you learned about yourself.

Dear diary,

Labelling is used in many domains, private or public, and leads to stereotypes - distorting realities ....

....

Using words/labels that are supposed to be politically incorrect like ....

....

My own labels need reflection and correction, because ....

....

Voc.: domain: sphere/area of private or public activities

Worksheet 2: Dead Dog Café (3 pages)

The following tasks and excerpts refer to Thomas King's novel *Green Grass, Running Water,* Bantam Book, New York 1993.

Task 4: Dead Dog Café is presented in a series of episodes in Thomas King's Novel "Green Grass, Running Water". Working on the following text (the story behind) you can make use of different reading strategies, such as **questioning, summarising, clarifying** and **predicting** (aka reciprocal teaching "RT"*). In groups of four, you can use the subdivided text at hand, and then you would take the role of questioner, summariser, clarifyer and predictor – with the teacher demonstrating a worked example of Part 1. Parts 2 and 3 of the given text are dealt with in the same fashion. Record and compare your results in plenary.

Part 1:
Questioning:
What are the tourists made to believe?
How did Latisha get the idea of selling dog meat?
Summarising:
Only meant as a joke, serving dog meat turns out to be a huge success, especially with American tourists who are stuck with a historical stereotype.
Clarifying:
The connection between the Sioux fate and the Dead Dog Café.
Predicting:
Description of how Latisha presents her culture to tourists.

Part 2:
Questioning:

....

Summarising:

....

Clarifying:

....

Predicting:

....

Part 3:
Questioning:

....

Summarising:

....

Clarifying:

....

Predicting:
Not applicable

The story behind the Dead Dog Café

Part 1:

Latisha is Lionel's sister and the owner of the Dead Dog Café where – so the tourists are made to believe – dog meat is served as authentic ethnic food of the Blackfoot Native Canadians. Her aunt Norma has given her this idea "Tell them it's dog meat. Tourists like that kind of stuff." (117) Meant as a big joke, the restaurant is doing very well and develops into a tourist trap, especially popular with US-Americans, as it draws on a historical stereotype: "Native Americans turn the sad reality of near-starvation for the Sioux around the time of Little Big Horn, when they had to eat dogs after the buffalo disappeared, into a joke."

Part 2:

Latisha capitalises on this stereotype and, in her restaurant, creates a space where she can control how and how much of her Native Canadian culture is presented to her guests. The mostly white customers fall into this trap and present, in their behaviour, a parody of the neighbouring American mainstream culture. By making fun of the guests and causing them to look ridiculous historical power structures are, for once, turned upside down and the indigenous and suppressed culture gets the better of them.

Part 3:

Dead Dog Café also is the place where the perspectives of cultural differences and related stereotypes is enlarged. Because, besides differences between US-American and Canadian tourists, the traditions of the Indian culture come to the fore. They present themselves as being quite naïve rather than primitive and in competition with the white conventions prove as the superior tradition.

Task 5: Describe the secrets of the Dead Dog Café and **explain** the inspiration behind the food. Use the following scaffolding.

Scaffolding: gapped text

The food at the Dead Dog was .... (1) But that wasn't .... (2) to draw a bigger number of visitors. Tourists were .... (3) in ambience and reputation. As much as Latisha, the owner, would have liked it to be her own .... (4), it was her aunt Norma who developed the .... (5) of a tourist .... (6) by telling them they were cooking dog .... (7). One of the secrets was to keep things .... (8) and therefore the same (beef!) stew was cooked and the .... (9) gave it different names. Even the specials rarely changed – the local .... (10) knew this and the tourists coming through did not find out.

Norma's inspiration to .... (11) that all menus were based on dog meat worked this way: all dishes were given fancy names connected to .... (12) of dogs, like "Dog du Jour", "Puppy Potpourri", "Saint Bernhard Swiss Melts" etc, even appetisers .... (13) references to dogs. So everything sounded quite .... (14) and invoked the allusion to .... (15) pets.

Task 6: Analyse how Latisha is able to "control" the image she wants the American tourists to have about her own (Blackfoot) culture.

Scaffolding: crib sheet*

.... dishes served in the restaurant had to go with its equipment .... hired a photographer .... create images similar to those you see in hunting and fishing magazines .... photographs showed Indians and dog images .... most fancied a photograph of four Indians .... chasing down a herd of Great Danes .... image of a primitive culture .... living on food unacceptable to mainstream beliefs .... coincided with existing stereotypes about Indians .... (American) tourists .... not really interested in Native culture .... confirmed their prejudices .... the First Nations real culture and traditions .... not disclosed and .... kept away from nosy visitors .... they fell in for this .... feeling of power and superiority

Task 7: Characterise the interaction amongst the café's staff. Share your results by employing think-pair-share*.

Scaffolding: crib sheet*

Latisha's crew .... respect and mutual support .... at times of crisis .... remain calm .... work together as a team .... atmosphere .... relaxed and joyful .... staff share ideas .... come to each other's help .... unites them .... they all play up the big joke .... anything about their real culture .... keep control over them .... enjoy their success

Worksheet 3: The guest book (3 pages)

Task 8: Like in task 4, the following text – referring to American and Canadian characters depicted in the novel – can best be understood by using the **R**eciprocal **T**eaching technique (RT)*. Only this time you will organise yourselves – in groups of four, and you are going to decide who the questioner, the summariser, the clarifyer and the predictor is. It makes sense to **take turns** in fulfilling these roles and afterwards report about results and the process involved in plenary.

Part 1:

Questioning:

....

Summarising:

....

Clarifying:

....

Predicting:

....

Part 2:

Questioning:

....

Summarising:

....

Clarifying:

....

Predicting:
Not applicable

The Guests of the Dead Dog Café

Part 1:

The Dead Dog Café is presented in different episodes of the novel. The focus here is on Canadian and American guests (115 – 118, 141 – 148 & 171 – 177). Visitors from the USA are among the preferred customers and, on the surface, they only differ from their Canadian neighbours because they never order the specials on the (dog meat) menu. US-Americans are most susceptible to dog related stories and even buy the written menu or postcards with pictures of dogs. When they are appeating special music is played (Chief Mountain Singers, 118) and their experiences in the restaurant correspond exactly with the stereotypes and prejudices they cherish about "Indians".

Part 2:

Canadian guests are more frequent visitors in the café and their behaviour is described in the novel in some detail. On occasion they are sceptical as far as the meat on offer is concerned, they carry name tags and even elect "a spokesperson for the table" (141), being very democratic. They are very well prepared for their trip and very interested in local affairs. Other differences to US-Americans are presented elsewhere in the novel (for instance by Latisha's ex-husband George, a fan of all Americans "Americans were modern" 175) and give more insight into the uneasy neighbourship of Canadians and US-Americans.

Task 9: Explain the way Latisha counters her Canadian guests' doubts and amuses herself at the same time (141–148).

Gapped text:

This group seems to be very .... (1) (spokeswoman) and lively. Amongst themselves they enjoy a friendly .... (2) and display a great interest in anything connected with Indians. There is some doubt as to whether the food served is really from .... (3) especially Bruce, who boasts of his 25 years as a sergeant with the .... (4) points out that the RCMP would have arrested anyone trying to sell .... (5) in a restaurant. He is sure he tells his company that they are having beef instead. But Latisha doesn't let that go. She .... (6) everyone that the sandwich in question is made from .... (7) and even gives some details (you get more meat off it). She emphasises her story by confirming that dogs belong to her tribe's .... (8) and that all the dogs were .... (9) on her reserve, only fed on horse meat and whole grain. She even .... (10) her joke by using a biological label – no hormones or preservatives used in that.
When one of the Canadians seems .... (11) because he owned a black Lab as a kid, who was very close to him and could even .... (12), Latisha charms away his shock by telling him that dog meat past the age of two or three is too .... (13) to eat – the man's dog got to be fourteen. Throughout this whole conversation, Latisha keeps her .... (14), doesn't even need help from the kitchen (the chef was getting ready to come to her help) and is .... (15) about some derogatory remarks in the group. Talking about her do-no-good husband George she .... (16) the group's attention successfully.

Scaffolding: missing words

diverts | amused | cool | tough | sing | horrified | intensifies | raised | traditional foods | Black Labrador | assures | dog meat | Royal Canadian Mounted Police | dog meat | banter | organised

Task 10: Analyse how the second wave of tourists (171 – 177) present themselves as definitely being Canadian – and by no means from the US.

Scrambled text:

(1) Despite the chef's hope the second group is Canadian as well, most of them from Toronto.

(?) In the interspersed episodes, Latisha's husband George confirms the differences between Americans and Canadians by referring to past and present comparisons.

(?) There is disappointment at this and the chef makes a comment on "feeding cheap sheep" (p. 176), but later Latisha finds a twenty-dollar tip under a napkin.

(?) They show a lot of discipline, file off the bus in an orderly line and enter the restaurant forming a queue. They all wear name-tags and make sure to introduce themselves. They are careful not to disturb the other people at other tables and in unison order the specials.

(?) His opinion is simple – Americans love adventure, Canadians are unwilling to take risks (p. 175). George backs this up by referring to a Canadian, caught for speeding, who even thanked the policeman who fined him for being so alert (p. 176).

(?) George clearly prefers the American culture, which from his point of view is modern, taking advantage of the future and moving ahead. Whereas he believes that Canadians are traditionalists, and they like order and guarantees.

(7) George believes he got the bigger picture – Americans are independent, Canadians dependent and draws on the great explorers: Lewis and Clark were American. When Latisha gets into Champlain and Cartier – the founders of Canada – he tells her they were Europeans (p. 172).

Task 11: After sharing your results (having worked in either tandems or groups) in plenary get together in pairs and **write an entry** in the café's guest book.

You can either assume the part of an American or a Canadian guest and give some feedback on the food and atmosphere in the restaurant. Decide on likes and dislikes and pass on your guest book entry to a friend in class for peer group revision.

Dear guest book:

....

....

....

I think they and you made the best of the situation and I will certainly recommend your amazing café to my fellow Americans.
Yours truly,

Dear guest book:

....

....

....

As a fellow Canadian, I am proud of your resistance to the dam and wish your culture lots of resilience in that.
Yours sincerely,

Worksheet 4 (evaluation): Working with literature (1 page)

Understanding literature – an autobiographical approach

Task 12: After reading the novel „Green Grass, Running Water" or the excerpts at hand, answer the following questions and **sum up** your results in a reading blog, which you can hand in for correction by your teacher. You can also use this questionnaire for reviewing other novels you will be studying in your English courses.

1. Give your experience with the novel a name or a title which says something about it. (You can do this also at the end of the questionnaire.)

   „ .... "

2. How did you arrive at reading this particular piece?

   ....

3. What impressed you about it (e. g. the plot, the characters, the style, the author)? Why?

   ....

4. Did you try to find out more? What?

   ....

5. What **similarities** did you notice between your own lifestyle, your attitudes toward other individuals, your believes and your values and those of the characters and contexts described and evoked by the author?

   ....

   ....

6. What **differences** did you notice between your own lifestyle, your attitudes toward other individuals, your believes and your values and those of the characters and contexts described and evoked by the author?

   ....

   ....

7. What are the similarities and/or the differences due to, in your opinion?

   ....

8. Why was it important to read the novel in English?

   ....

9. Would you recommend the novel to other people? Why? Why not?

   ....

Worksheets 1–4: Anregungen zum Vorgehen und Lösungen

Die Lektüre von *Green Grass, Running Water* (Ausgabe: Bantam Books, New York 1993) ist hilfreich, aber nicht vorausgesetzt. Die Tasks sind durch die Paraphrasierung der Episoden auch ohne vorhergehende Lektüre lösbar.

Worksheet 1: Who is an Indian?

Task 1: mögliche Lösungen:

Emo, goth, having all the latest fashion, everybody loves me, coolest phone, sparkly whatever …

Task 2: mögliche Lösung:

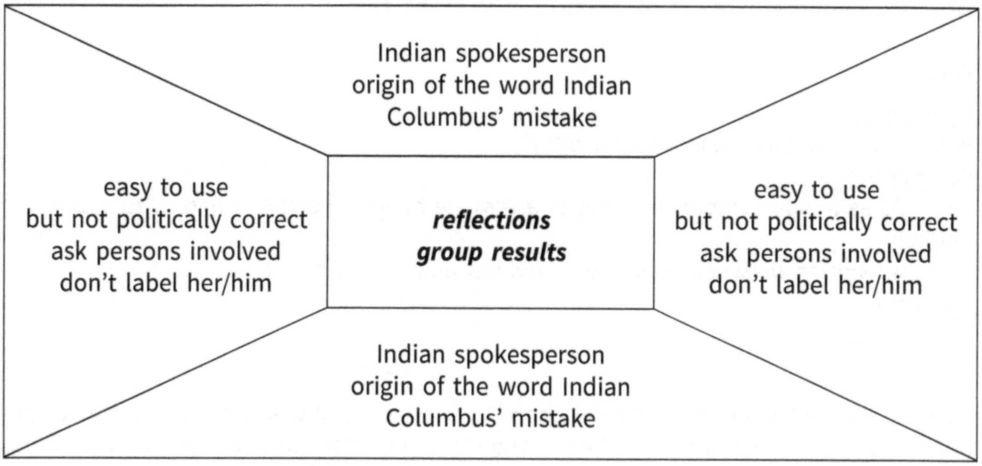

Task 3: individuelle Lösungen

Worksheet 2: Dead Dog Cafe

Task 4:

Part 1:

Questioning:
What are the tourists made to believe?
How did Latisha get the idea of selling dog meat?
Summarising:
Only meant as a joke, serving dog meat turns out to be a huge success, especially with American tourists who are stuck with a historical stereotype.

Clarifying:
The connection between the Sioux fate and the Dead Dog Café.
Predicting:
Description of how Latisha presents her culture to tourists.

Part 2:

Questioning:
What does the behaviour of white customers show?
How do the jokes work?
Summarising:
Stereotypes are used to turn the traditional power structure upside down and the Indian culture prevails for the moment.
Clarifying:
The trap white customers fall into.
Predicting:
What does the presentation of Indian culture in the café prove?

Part 3:

Questioning:
How do the Indians present themselves?
Summarising:
The café as a place where stereotypes are made bigger and the Indian culture prevails.
Clarifying:
The competition between mainstream (white) and Indian culture.
Predicting:
Not applicable

Task 5: The food at the Dead Dog was **good (1).** But that wasn't **enough (2)** to draw a bigger number of visitors. Tourists were **interested (3)** in ambience and reputation. As much as Latisha, the owner, would have liked it to be her own **idea (4)**, it was her aunt Norma who developed the **idea (5)** of a tourist **trap (6)** by telling them they were cooking dog **meat (7)**. One of the secrets was to keep things **simple (8)** and therefore the same (beef!) stew was cooked and the **staff (9)** gave it different names. Even the specials rarely changed – the local **customers (10)** knew this and the tourists coming through did not find out.

Norma's inspiration to **pretend (11)** that all menus were based on dog meat worked this way: all dishes were given fancy names connected to **images (12)** of dogs, like "Dog du Jour", "Puppy Potpourri", "Saint Bernhard Swiss Melts" etc, even appetisers **carried (13)** references to dogs. So everything sounded quite **special (14)** and invoked the allusion to **favourite (15)** pets.

Task 6: In Latisha's mind the dishes served in the restaurant had to go with its equipment and ambience. She hired a photographer (Will Horse Capture from Medicine River – the main character in King's earlier novel of the same title) to create images similar to those you see in hunting and fishing magazines. Only, instead of white men holding up a lion's head or hoisting a brace of ducks, the photographs showed Indians and dog images. She most fancied a photograph of four Indians on their buffalo runners chasing down a herd of Great Danes. In this way, the image of a primitive culture with people hunting and living on food unacceptable to mainstream beliefs could be created that coincided with existing stereotypes about Indians. Latisha knew that (American) tourists were not really interested in Native culture and confirmed their prejudices. What the First Nations real culture and traditions were like was not disclosed and could be kept away from nosy visitors. The fact that they fell in for this gave Latisha and her staff a certain feeling of power and superiority.

Task 7: Latisha's crew treat each other with respect and mutual support. Even at times of crisis ("toilet's backed up" p. 115) they remain calm and work together as a team. The atmosphere is relaxed and joyful, the staff share ideas and come to each other's help. What unites them most is that they all play up the big joke to the tourists and don't let them know anything about their real culture. In this way they keep control over them and enjoy their success.

Worksheet 3: The guest book

Task 8:

Part 1:

Questioning:
How do the Americans differ from the Canadians?
Summarising:
The ideas of the Dead Dog Café are particularly successful with American visitors
Clarifying:
The US-Americans and their readiness to react to stereotypes.
Predicting:
How the US-Canadian differences reflect their stereotypes.

Part 2:

Questioning:
What are the Canadian guests typical of?
Summarising:
The Canadian visitors appear as very civilised guests.
Clarifying:
Who appears modern and why would that be.
Predicting:
Not applicable

Task 9: Gapped text

This group seems to be very **organised** (1) (spokeswoman) and lively. Amongst themselves they enjoy a friendly **banter** (2) and display a great interest in anything connected with

Indians. There is some doubt as to whether the food served is really from **dog meat** (3); especially Bruce, who boasts of his 25 years as a sergeant with the **Royal Canadian Mounted Police** (4), points out that the RCMP would have arrested anyone trying to sell **dog meat** (5) in a restaurant. He is sure he tells his company that they are having beef instead. But Latisha doesn't let that go. She **assures** (6) everyone that the sandwich in question is made from **Black Labrador** (7) (you get more meat off it) and even gives some details. She emphasises her story by confirming that dogs belong to her tribe's **traditional foods** (8) and that all the dogs were **raised** (9) on her reserve, only fed on horse meat and whole grain. She even **intensifies** (10) her joke by using a biological label – no hormones or preservatives used in that.
When one of the Canadians seems **horrified** (11) because he owned a black Lab as a kid, who was very close to him and could even **sing** (12), Latisha charms away his shock by telling him that dog meat past the age of two or three is too **tough** (13) to eat – the man's dog got to be fourteen. Throughout this whole conversation, Latisha keeps her **cool** (14), doesn't even need help from the kitchen and is **amused** (15) about some derogatory remarks in the group. Talking about her do-no-good husband George she **diverts** (16) the group's attention successfully.

Task 10: Scrambled text

(1) Despite the chef's hope the second group is Canadian as well, most of them from Toronto.

(2) They show a lot of discipline, file off the bus in an orderly line and enter the restaurant forming a queue. They all wear name-tags and make sure to introduce themselves. They are careful not to disturb the other people at other tables and in unison order the specials.

(3) There is disappointment at this and the chef makes a comment on "feeding cheap sheep" (p. 176), but later Latisha finds a twenty-dollar tip under a napkin.

(4) In the interspersed episodes, Latisha's husband George confirms the differences between Americans and Canadians by referring to past and present comparisons.

(5) George clearly prefers the American culture, which from his point of view is modern, taking advantage of the future and moving ahead. Whereas he believes that Canadians are traditionalists, and they like order and guarantees.

(6) His opinion is simple – Americans love adventure, Canadians are unwilling to take risks (p. 175). George backs this up by referring to a Canadian, caught for speeding, who even thanked the policeman who fined him for being so alert (p. 176).

(7) George believes he got the bigger picture – Americans are independent, Canadians dependent and draws on the great explorers: Lewis and Clark were American. When Latisha gets into Champlain and Cartier – the founders of Canada – he tells her they were Europeans (p. 172).

Task 11: mögliche Lösungen:

Dear guest book:
I enjoyed your interesting food very much and particularly liked the photos in your restaurant. It shows the Indians the way I understand them to be, brave warriors and so much connected to their hunting grounds. I didn't know they were actually hunting the big dogs, but what can they do with all the buffalos gone?
I think they and you made the best of the situation and I will certainly recommend your amazing café to my fellow Americans.
Yours truly,

Dear guest book:
I felt very much at home in your nice café and liked your service very much with all your friendly staff around. Our group was a bit disturbed by the old RCMP fellow and all his questions. I hope he didn't annoy you too much. It was very helpful to listen to your explanations about the dog meat and that it is really biologically sound and valuable.
I especially like the way you celebrate your past and will certainly remember all the stories going around. As a fellow Canadian, I am proud of your resistance to the dam and wish your culture lots of resilience in that.
Yours sincerely,

Worksheet 4 (evaluation): Working with literature

Task 12: Understanding literature – an autobiographical approach

Die Schüler sollen durch die Beantwortung der Fragen darin unterstützt werden, einen eigenen, sogenannten autobiographischen Zugang zum Roman *Green Grass* oder den vorliegenden Exzerpten zu entwickeln. Mit der inhaltlichen Kommentierung der von den Schülern eingereichten *reading blogs* kann die Lehrkraft auch die Vorbereitung einer abschließenden Klassenarbeit verbinden. Dabei dienen die unten eingetragenen möglichen Antworten als Erwartungshorizont. Der Fragebogen kann auch zur Lektürebesprechung von anderen Texten verwendet werden.
Das Thema der Klassenarbeit lautet:
Imagine you are a food critic working for a Chicago newspaper. After a professional visit to the Dead Dog Cafe you are asked to

1. describe this particular restaurant,
2. comment on the quality of the food and
3. discuss the ethnic presentation of the owner's stories.

Bear in mind that your newspaper article must be politically correct and try to avoid using the word "Indian" (allow 200 words for each part).

mögliche Lösungen:

1. *Give your experience with **Green Grass, Running Water** a name or a title which says something about it. (You can do this also at the end of the questionnaire.)*
   "First Nations and Western Culture" – "Critical Incidents and Stereotypes"
2. *How did you arrive at reading this particular piece?*
   As part of our curriculum a choice was given between topics relating to the "American Dream" or "Native American stories"; was attracted by Western films and Hollywood actors, remembering Karl May's "Winnetou".
3. *What impressed you about it (e. g. the plot, the characters, the style, the author)? Why?*
   The plot has many interesting connections and turns; sometimes it is confusing, but good fun to resolve the "mysteries"; the author makes fun of our Western culture and has the First Nations people gain the upper hand; especially the stories in Dead Dog Café show the First Nations people's resilience and their particular humour; also the naivety of US Americans when it comes to confirm their prejudices; in this way the superiority of Western culture is questioned in very effective and funny ways.
4. *Did you try to find out more? What?*
   Intrigued by Native American and First Nations history, found out more about the white settlers in Northern America, their land grab and broken treaties; researched in detail the "Trail of Tears", the stories of Lewis and Clark and Champlain and Cartier.
5. *What **similarities** did you notice between your own lifestyle, your attitudes toward other individuals, your believes and your values and those of the characters and contexts described and evoked by the author?*
   Subject to stereotypes and prejudices; fear of the unknown; trying to understand cultural differences.
6. *What **differences** did you notice between your own lifestyle, your attitudes toward other individuals, your believes and your values and those of the characters and contexts described and evoked by the author?*
   Difficulty to understand the idea of "political correctness", an exaggeration? Characters in Green Grass often appear to be caricatures, not close to real life, ethnic minorities suffer from social and economic discrimination.
7. *What are the similarities and/or the differences due to, in your opinion?*
   Different European history, different ethnic groups, issues of migration and refugees.
8. *Why was it important to read **Green Grass** in English?*
   More information about First Nations in Canada; connections between their culture and Western beliefs; funny insights into critical incidents.
9. *Would you recommend the novel to other people? Why? Why not?*
   Highly recommended – First Nations people do not accept discrimination against them, refuse to be victims of the mainstream culture, ready to fight back with their own means; interesting intercultural experience in that it shows how easy it is to make fun of different cultures but also see their real values.

Unit 11: Asterix & Co

(Sek. I: 4./5. Lernjahr, A2/B1+)

Allgemeine Erziehungsziele:

Geschichte und Gegenwart Schottlands;
Perspektivenwechsel;
Umwelterziehung;
Umgang mit Medien

Ziele fremdsprachlicher Bildung:

landeskundliche und interkulturelle Kenntnisse;
Geographie und Geschichte in Zielsprachenländern;
touristische Aspekte;
Arbeiten mit Bildgeschichten;
Reviews

Inhalte und Themen:

Asterix and the Picts;
working with cartoons;
reviewing a comic

Fertigkeiten, Fähigkeiten, Anbahnung von Kompetenzen
GeR (Auszüge):

Kann etwas erzählen oder in Form einer einfachen Aufzählung berichten (Europarat 2001: 65); kann eine eingeübte, kurze, einfache Präsentation zu einem vertrauten Thema vortragen (66); kann elementare Sprachfunktionen ausführen und auf sie reagieren, z.B. auf einfache Art Informationen austauschen, Bitten vorbringen, Meinungen und Einstellungen ausdrücken (122); kann längere Texte nach gewünschten Informationen durchsuchen und Informationen aus verschiedenen Textteilen zusammentragen, um eine bestimmte Aufgabe zu lösen (B1 – 75); kann die Hauptpunkte verstehen, wenn klare Standardsprache verwendet wird (B1 – 35); kann über Erfahrungen und Ereignisse berichten (B1 – 35).

Bildungsstandards Englisch/Französisch für den Mittleren Schulabschluss
(Auszüge):

Kann zusammenhängende Texte zu vertrauten Themen aus eigenem Interessengebiet verfassen (KMK 2004: 14); Fähigkeit und Bereitschaft zur Wahrnehmung und Analyse fremdkultureller Perspektiven (16); Schüler sind neugierig auf Fremdes, aufgeschlossen für andere Kulturen und akzeptieren kulturelle Vielfalt (16); verschiedene Hör- und Lesetechniken auf unterschiedliche Textarten (z.B. Sachtexte, Artikel, literarische Kleinformen) anwenden (16); mit Hilfe von Stichworten, Gliederungen, Handlungsgeländern Texte mündlich vortragen oder schriftlich verfassen (17); selbstständig, mit einem Partner oder in Gruppen längere Zeit arbeiten (18).

Sprachfokus:

Informationen strukturieren, bearbeiten und präsentieren;
skimming und scanning;
Vokabelarbeit mit *word banks*;
Cartoons beschreiben;
Reviews schreiben

Lehr- und Lernstrategien:

*tandem activities, think-pair-share**, working with cartoons; writing reviews; gallery walk**

Evaluation:

formatives Feedback (im Rahmen der Lernaktivitäten); summatives Feedback: Bewertung von Beiträgen zum Schulmagazin, Präsentationen, Reviews und Projekten

Zum Vorgehen allgemein und zur Nutzung des *worksheet compass* siehe Unit 1.

Übersicht UE 11: Asterix & Co

Worksheet compass

phase	**activities of**		**additional activities**	**scaffolding**
	teachers	**students**		
planning	issues/problems to be solved	making selections	…	worksheet compass
	guiding questions and outcomes	learning goals evaluation	special tasks	…
complex task	Asterix & Co	think-pair-share*, working in groups, presentations	mediation*, school magazine article	inside outside circle*, gapped texts, worked example
worksheet 1	*Asterix and the Picts*	task 1: summarise task 2: compare	task 3: differentiate	mediation, school magazine article
worksheet 2	Working with the comic	task 4: describe task 5: outline	task 6: analyse, discuss	target & evaluation of comic
worksheet 3	Reviewing cartoons	task 7: complete task 8: create fact sheet	task 9: write review	comic review

Worksheet 1: *Asterix and the Picts* (2 pages)

Task 1: Mediation* – Combine the two texts at hand and **summarise** them for an introduction to the Asterix comic in the English edition of your school magazine.

Text 1: The comic "Asterix and the Picts" by Goscinny and Uderzo (in the version of Jean-Yves Ferri), in a humorous way, opens various windows into aspects of Scottish history and culture and remains, in this new version, a mixture of classical education and current satire. This is the story line:

At the beginning, Asterix and Obelix rescue MacAroon, a mysterious Pict, frozen in a block of ice. They are given the task, after thawing him, to travel to Caledonia in order to return him to his beloved Camomilla, the adopted daughter of the old Pict king. The problem is that MacCabaeus, the insidious chieftain, wants to marry her and thus claim her father's throne – supported by the Romans. The two Gauls have to go through caber tossing as well as malted water and they encounter a giant otter in the loch. Their goal is to reunite MacAroon and Camomilla, and they cannot be held back, not even by the Romans.

Text 2: Die Geschichte der Pikten lässt sich besonders gut an ihren einzigartigen Bildsteinen ablesen. Hunderte dieser mit mysteriösen Zeichen versehenen Steinstelen sind noch erhalten. Doch wozu sie ursprünglich geschaffen wurden, ist bis heute unklar. Die Asterix-Zeichner machen sich dieses Vermächtnis zunutze und platzieren die kunstvoll verarbeiteten Steine an verschiedenen Stellen ihrer Geschichte. Sie halten auch eine interessante Antwort auf die Frage nach der Bedeutung der Bildsteine parat: Die Pikten aus dem Comic nennen sie „Piktogramme" und verwenden sie als Wegmarkierungen, um auf mögliche Gefahren hinzuweisen. Wer sie ignoriert, versinkt unter Umständen im Moor oder riskiert Verkehrsunfälle. (Vgl. dazu Die Spur der Bildsteine, F.A.S. vom 27.10.2013)

My introduction

....

....

Task 2: For this task, you'll need to get hold of a real copy of the comic story *Asterix and the Picts* (available in school library?) and skim through the comic first. In tandems, make notes on your overall impression and **compare** in plenary.

My first impression

....

....

Characters

....

....

Landscapes

....

....

Drawings

....

....

Task 3: Scanning the comic, find some Scottish icons and song titles in the comic story and explain their meanings. **Differentiate** between stereotypes and cultural symbols. As a starting point you can sort out this list accordingly:

Scaffolding:

Nessie – Bagpipes – Tattoos – Caber Tossing – "Oh. We'll take the high road" (page 16: folk song) – "Picts Wha Hae" (page 30: folk song) – "Come fill up my cup, come fill up my can" (page 45: Jacobite song) – names starting with Mac – porridge and gravy – Lochs – New Caledonia – Highland cattle

Voc.: to differentiate: unterscheiden; tattoo (as in military tattoo): Militärkonzert mit Dudelsack-Musik (nicht zu verwechseln mit body tattoos)

Stereotypes

Porridge ....

....

Cultural Symbols

Tattoos ....

....

Worksheet 2: Working with the comic

Join up with a tandem partner and employ the inside-outside circle* to negotiate and note down your findings in the following **tasks 4–6**. Compare notes in plenary.

Task 4: Describe why Asterix and Obelix travel to Scotland and what their mission is in Caledonia. Unfortunately, some words were lost on their voyage. Select from this list:

treacherous – claim – adopted – loch – Caledonia – Roman-bashing – bagpipes – mysterious

Asterix and Obelix are on their way to a .... (1) Pict named MacAroon. For this they must journey to .... (2), now Scotland, to return him to his lady love, Camomilla, the .... (3) daughter of the old king. However, the .... (4) chieftain, MacCabaeus, plans to marry her and .... (5) the throne – with the help of the Romans. Finally, with a lot of caber-tossing, playing the .... (6), and surviving an enormous otter in the .... (7) the Gauls reunite MacAroon and Camomilla and enjoy some .... – .... (8) as is their habit.

Task 5: Select any of the various episodes in the comic story and decide on headings for them. **Outline** here:

Episode one – heading:

....

....

Episode two – heading:

....

....

Task 6: Analyse how drawings and speech bubbles are combined and how they work together; **discuss** who this comic story was written for using think-pair-share*.

....

....

....

....

Worksheet 3: Reviewing the comic (2 pages)

Your group (of four or five) is in charge of editing a section in the English version of your school magazine, dealing with the comic *Asterix and the Picts*.

Task 7: Familiarise yourselves with the following phrases/vocabulary useful for writing a review and continue the sentences in the scaffold. **Complete** below:

Scaffolding:

Language focus

The comic was published in ....

The authors are ....

The subject is ....

The action is set in ....

One of the most interesting topics of the comic is ....

There are a few messages presented, like ....

I can feel sympathy for .... because ....

The story line is ....

The comic is worth buying/not worth buying because ....

This is one of the best comics I have ever read because ....

I can support my points by mentioning ....

Task 8: Some guiding questions will help to structure your review. Select the ones that fit the Asterix story best and **create** a fact sheet in your group.

Scaffolding:

Understanding comics

Did you enjoy reading this comic? Why? – Why not?

What impressed you most about it?

The plot ....

The characters ....

The pictures and speech bubbles ....

The history ....

Did you try to find out more about the story? What?

Which **similarities** did you notice between your own ideas, attitudes and values and those of the characters and contexts described in the comic?

Which **differences** did you notice between your own ideas, attitudes and values and those of the characters and contexts described in the comic?

What are the similarities and/or the differences due to, in your opinion?

Was it important to read this comic?

Would you recommend the comic to other people? Why? – Why not?

Task 9: The final challenge is to **write a review** of the comic and either recommend it to your readers or make critical comments. Use some ideas in the worked example of a review below for your own version. Write it down in your group and in a gallery walk* look at the various group versions and decide on the most convincing one.

Scaffolding:

Worked example

Review

Signs are promising with Asterix and the Picts. Conrad's illustrations substitute seamlessly for those of his predecessor, and Ferri has constructed a narrative that nods to a swathe of the much-loved character conventions, taking us on an old school quest, introducing some more pun-tastic names and neatly avoiding the inclusion of spaceships.

When Asterix and Obelix happen across a Pict frozen into a lump of ice they must thaw him out and return him to his native Caledonia. Cue a sea voyage, the decimation of a shipload of pirates, and various battles with Roman legionaries to depose the wicked puppet ruler Maccabeus and restore the rightful, native king, the defrosted MacAroon. Scottish readers will surely appreciate the indomitable Gauls' taking a wee jaunt to the frozen north, and the coincidence of its being released amid the independence debate offers a wealth of cause for speculation within the plot. Could we draw parallels here with the current status quo? Sort of, maybe.

Rosamund West

http://www.theskinny.co.uk/books/book-reviews/asterix-and-the-picts (last accessed March 2016)

Voc.: to lurk: lauern; to be thawed: auftauen; clutches: Klauen; to dispatch: hier wegjagen, loswerden; to thwart: vereiteln; to bicker: streiten; swathe: Schwade, (Gras)Haufen; cue: Stichwort; indomitable Gauls: unbezwingbare Gallier; a wee jaunt: schottische Mundart: ein kleiner Ausflug

Worksheets 1 – 3: Anregungen zum Vorgehen und Lösungen

Worksheet 1: Asterix and the Picts

Task 1: Worked example:

The new comic *Asterix and the Picts* is a good start for studying Scottish history in a funny way. The story is, as always in Asterix, one of fighting and rescuing – in this case a Scottish warrior (a mysterious Pict) to join his lady love in Caledonia. There are lots of Scottish symbols and icons used in the exciting picture stories, amongst them bagpipes, whisky, Nessie and many kilts, the Scottish national costume for men. The German newspaper ("Frankfurter Allgemeine Sonntagszeitung" – FAS) reports about the comic as "Spur der Bildsteine" and mentions the fact that indeed very little is known about the Picts themselves so that the Asterix' authors are at liberty what to show their audience. So they show a lot of big standing stones with Pictish symbols nobody knows up to date what they really mean. Apart from the Picts of course, who call them "Pictograms" and mainly use them to mislead their Roman enemies. As for example the Roman soldier who misread the sign for swamps and ended up in the moor – as the whole Northumbrian army for that matter.

Task 2: individuelle Lösungen

Task 3:

<u>Stereotypes</u>
Nessie, whisky, strong warriors, cold climate, names starting with Mac…, porridge and gravy, etc …
<u>Cultural Symbols</u>
Bagpipes, tattoos, caber tossing – "Oh. We'll take the high road" (page 16: folk song), "Picts Wha Hae" (page 30: folk song), "Come fill up my cup, come fill up my can" (page 45: Jacobite song), lochs, New Caledonia, Highland cattle, etc …

Worksheet 2: working with the comic

Task 4: Asterix and Obelix are on their way to a **mysterious** (1) Pict named MacAroon. For this they must journey to **Caledonia** (2), now Scotland, to return him to his lady love, Camomilla, the **adopted** (3) daughter of the old king. However, the **treacherous** (4) chieftain, MacCabaeus, plans to marry her and **claim** (5) the throne – with the help of the Romans. Finally, with a lot of caber-tossing, playing the **bagpipes** (6), and surviving an enormous otter in the **loch** (7) the Gauls reunite MacAroon and Camomilla and enjoy some **Roman-bashing** (8) as is their habit.

Task 5: individuelle Lösungen

Task 6: individuelle Lösungen

Worksheet 3: Reviewing cartoons

Task 7 – 9: individuelle Lösungen

Unit 12: Country Profiles

(Sek. I: 6./7. Lernjahr, B1/B2)

Allgemeine Erziehungsziele:

Perspektivenwechsel und Erfassen von Stereotypen;
Umgang mit (visuellen) Medien;
landeskundliche und kulturelle Informationen

Ziele fremdsprachlicher Bildung:

interkulturelle und historisch-geographische Kenntnisse;
Analyse von Bildern;
Lernorte kennenlernen und erforschen

Inhalte und Themen:

favourite landmarks;
working with visuals;
country profiles

Fertigkeiten, Fähigkeiten, Anbahnung von Kompetenzen
GeR (Auszüge):

B1: Kann eine eingeübte, kurze, einfache Präsentation zu einem vertrauten Thema vortragen (Europarat 2001: 66); kann eine Geschichte erzählen (67); kann längere Texte nach gewünschten Informationen durchsuchen und Informationen aus verschiedenen Textteilen zusammentragen, um eine bestimmte Aufgabe zu lösen (B1–75).
B2: Kann etwas systematisch erörtern und dabei entscheidende Punkte in angemessener Weise hervorheben und stützende Einzelheiten anführen. (Europarat 2001: 65); kann zusammenhängend und klar verständlich schreiben und dabei die üblichen Konventionen der Gestaltung und der Gliederung in Absätze einhalten (118).

Bildungsstandards Englisch/Französisch für den Mittleren Schulabschluss
(Auszüge):

Fähigkeit und Bereitschaft zur Wahrnehmung und Analyse fremdkultureller Perspektiven (KMK 2004: 16); Schüler sind neugierig auf Fremdes, aufgeschlossen für andere Kulturen und akzeptieren kulturelle Vielfalt (16); Schüler können mit Hilfe von Stichworten, Gliederungen, Handlungsgeländern Texte mündlich vortragen oder schriftlich verfassen (17); selbstständig, mit einem Partner oder in Gruppen längere Zeit arbeiten (18); zusammenhängende Texte zu vertrauten Themen aus eigenem Interessengebiet verfassen (B1) (14).

Sprachfokus:

Informationen sammeln und strukturieren;
differenzierte Beschreibungen von Sehenswürdigkeiten und Symbolen (*icons*); Worterklärungen und Zuordnungen;

Bildanalyse im Detail;
Internetrecherchen

Lehr- und Lernstrategien:
identifying information, note taking, allocating information, word banks, think-pair-share*; story writing, presentations*

Evaluation:
formatives Feedback (im Rahmen der Lernaktivitäten), insbesondere Auswahl und Zuordnung der *landmarks* und *icons*, Bildanalysen und Vorstellung im Plenum; summatives Feedback: Bewertung der *country profiles*

Zum Vorgehen allgemein und zur Nutzung des *worksheet compass* siehe Unit 1.

Scaffolding: Working with pictures

Die visuellen Medien spielen eine herausragende Rolle im FSU. Jüngere Schüler lernen ihre Vokabeln nunmehr mit Hilfe von bebilderten *word banks, phase 6* (www.phase-6.de/; letzter Zugriff Juli 2016 – als ursprüngliche Schülerinitiative mittlerweile vom Klett-Verlag übernommen) nutzen Illustrationen als Kernelement, und ganze Lernlandschaften (beispielsweise bei Cornelsen Verlag (Hg.). Access 1. 2015: 6) werden für die Situierung des Registers und grammatischer Strukturen ab dem Schuljahr 2016/17 zur Verfügung gestellt. Insgesamt sind Bilder- und Bildergeschichten auch deshalb sinnvoll und erfolgreich, weil sie an die Lese- und Sehgewohnheiten der jüngeren Generation anknüpfen können und die Motivation der Lernenden nachhaltig verstärken. Auch neue Prüfungsformen, wie die mündliche Kommunikationsprüfung in der Qualifikationsphase der Oberstufe als Klausurersatz und in den Abschlussprüfungen generieren bildhafte Verlagsangebote, wie bei Cornelsen mit „get your students talking" und „more speaking practice" (Cornelsen Verlag (Hg.) Context Starter. 2014: 130 ff.).
Bei der Anbahnung von *visual literacy* gewinnt der Einsatz von Scaffolding insofern eine besondere Bedeutung, als Bilder unmittelbarer als Texte wirken und sprachliche Barrieren zunächst eine geringere Rolle zu spielen scheinen. Allerdings ist bei ihrem Einsatz im FSU deutlich zu beachten, um welche Form von *visual aids* es sich dabei handelt. Dabei sind zwei Grundformen unterscheidbar: *teaching with* und *teaching through pictures,* was David Hill an einem einfachen Beispiel verdeutlicht:

> *If the teacher holds up a picture of someone drinking a cup of tea, asks the class 'What did he do yesterday?' and gets the reply 'He drank a cup of tea', then the teacher and the students are talking about the picture. If, on the other hand, the teacher gives a set of pictures to groups of four students, who then take it in turns to ask about the actions shown in relation to their own lives, we have a very different result. ... Here, the*

> *students are talking through the pictures. It is a very different activity, and is a moderately controlled practice activity where the students are involved in talking about their own realities.* (Hill 2000: 664)

Damit Bilder ihre volle Wirkung im FSU entfalten können, entweder als Gesprächsauslöser oder als Anlass von strukturierter Kommunikation, kommt die Ausgestaltung von *visual literacy* nicht umhin, die folgenden Fertigkeiten zu trainieren: „skills to recognize, read, understand, use, interpret, analyse and evaluate visual representations by critically communicating about them" (Woltin 2011: 46).

So vielfältig – mittlerweile! – Bilder verfügbar sind, so vielfältig sind auch ihre Einsatzmöglichkeiten im FSU, weil mit ihnen ein nachhaltiges Lernen durch die Aktivierung aller Sinne möglich ist (vgl. Surkamp 2010: 19). Dabei können landeskundliche, motivierende, semantisierende und sprachinduzierte Funktionen häufig nebeneinander treten, und ihre Verwendung ist keineswegs auf einzelne Sprachlernphasen beschränkt. Im Vergleich zur Wirkung von Texten ist der visuelle Stimulus von Bildern erheblich größer, weil er auf ganz unterschiedlichen Ebenen wirksam wird: zum Bild wird eine (bizarre) Geschichte erfunden, eine Bildergeschichte wird verfasst, ein Cartoon beschrieben, erklärt und interpretiert, Collagen und Videos werden versprachlicht. Zu erinnern ist auch an die Tradition des *show and tell* im angelsächsischen Sprachunterricht.

In Abhängigkeit von Lernzielen lassen sich vier Hauptfunktionen des Bild-Einsatzes im FSU identifizieren: darstellen – illustrieren von Textinhalten, hineinversetzen in eine Sprachsituation, veranschaulichen von Situationen; informieren – Bilder sind verständlicher als Texte und direkter, weil sie Informationen repräsentieren; erklären – konkretisieren schwierige Textabschnitte und unterstreichen die darstellende und informierende Funktion; kommentieren – diskutieren die manipulative Wirkung von Bildern.

Mit den Augen der Schüler betrachtet werden eine Reihe von Aktivitäten möglich und sinnvoll. Sie beachten die Quelle von Bildern, beschreiben den Bildinhalt, erläutern mögliche Intentionen, recherchieren den historischen und kulturellen Kontext und erarbeiten Denotationen (auf der beschreibenden Ebene) sowie Konnotationen (in der kulturellen Implementierung) (vgl. Woltin 2011: 46).

In der Durchführung steht der *task-cycle* im Mittelpunkt (mit *scaffolding* und *cooperative learning*). Ebenso werden *post-task activities* durchgeführt, mit erneutem *language focus*.

Mögliche Bild-Aktivitäten: in einer Lernlandschaft die im Hörtext beschriebenen Aspekte identifizieren, passende Bilder zur Illustration eines Textes finden oder schaffen, umgangssprachliche Kenntnisse durch Comics entwickeln, Bildstimuli in Grammatikübungen, *grammar pictures* durch Schüler entwickeln, nach Bildimpulsen sprechen und schreiben, Informationen über die Zielkultur interpretieren, Assoziationen zu Bildern herstellen und äußern, Verbindungen zwischen Bildern und literarischen Auszügen herstellen, Wortbilder erstellen u. a. m.

Mögliche Bild-Aktivitäten: detaillierte Bilder memorieren, Fortsetzung eines Hörspiels zeichnen, Piktogramme durch Partner erraten lassen, Lesetexte in einen Comic umwandeln und umgekehrt, statische Bilder auf Textgrundlagen erstellen, Bilder in unterschiedliche Kontexte einbauen, Beziehungsgefüge zeichnerisch darstellen u. a. m.

Das differenzierende Üben beinhaltet eine Individualisierungsphase, erneut mit *language focus*.

Mögliche Bild-Aktivitäten: Bild- und Cartoon-Interpretationen, Bildimpulse mit sprachlichen Mitteln verbinden, innere Monologe auf der Basis von szenischen Darstellungen entwickeln, Skizzen zur Memorierung von Wortschatz erstellen, Grammatikstrukturen veranschaulichen u. a. m.
Die Ergebnisevaluation erfolgt durch Tests und Diagnosen (vgl. Klewitz 2013).

Übersicht UE 12: Country Profiles

Worksheet compass

phase	activities of		additional activities	scaffolding
	teachers	**students**		
planning	issues/problems to be solved	making selections	…	worksheet compass
	guiding questions and outcomes	learning goals evaluation	special tasks	working with pictures
complex task	Country Profiles	think-pair-share*, working in groups, filing in rubrics, evaluating concepts, presentations	Internet research	identifying & allocating information, word banks*, story writing
worksheet 1	Favourite landmarks	task 1: explain task 2: fill in rubrics	task 3: research, explain	choosing & presenting landmarks
worksheet 2	Describing a picture	task 4: explain, write text task 5: compare task 6: describe task 7: analyse	task 8: evaluate	describing a picture
worksheet 3	Country profiles	task 9: explain & write profile		profiling location(s)

Worksheet 1: Favourite landmarks (2 pages)

Task 1: Select your favourite landmark or icon, after doing some research on locations and meaning and **explain** below:

	landmark or icon?	**place of origin meaning**	**my favourite, because**
	icon		
	landmark		
		tourist attraction in Australia	
		Highland cattle	

Task 2: Use the scaffolding below to draw on ideas of how to **fill in the rubrics** of task 1.

Scaffolding:

Word bank: locations and symbols

tourist attraction – game about the windy city – highland animal – traditions – American Dream – music from Scotland

Scotland (2) – USA (3) – Australia (1)

wild – the seaside – famous – fun – tartans – very old

Landmarks are ... famous sites of countries that tourists like to visit.

Icons are ... symbols of a country showing special ideas, but also stereotypes.

Task 3: On some of your favourite landmarks, do a **research** on the Internet. Enter the names of your choice and add short **explanations** in the table below.

landmark	**location and description**
Amish buggie	history of the Amish community in Indiana (see worked example in task 9)
Twelve Apostles	
Highland cattle	
Statue of Liberty	
...	

Worksheet 2: Describing a picture (2 pages)

Task 4: Some pictures need special attention because what they show might be manipulated. Some are composed with special effects in mind to influence observers. So, for example, a picture's effect can be changed by a computer. Use the example below to **explain** these effects. Draw on the word bank to **write** a short text about your chosen image.

Picture sample (Chicago Symphony, on Michigan Avenue)

This picture shows the Chicago Symphony on Michigan Avenue from a special perspective ...

Scaffolding:

Word bank

This picture is about / represents / reveals / shows ... The photograph / image depicts ... It is an example of ... There is a reference to ... The image suggests ... The tone of the picture ... It creates an atmosphere of ... A positive impression is given by ... .

Connectives

First of all ... I would like to begin with ... Furthermore ... Although ... Even if ... Provided that ... Unless ... Thus ... By way of illustration ... As a result ... To sum up. In a ... nutshell ... Considering all these aspects ... In short ... In contrast to ... In the same way ... In addition to that ... .

Task 5: First impressions: Use your example to give some basic information about the picture in short sentences and focus on what it shows. Work in tandems and **compare** results in plenary.

Word bank: This picture introduces the topic of . . . / is about / shows / gives information on . . . / gives the impression of . . .

Task 6: Systematic description: **Describe** the picture in some detail going through foreground and background, moving from top to bottom. You would make notes about outstanding features and other interesting aspects that underline the overall impression created or the dominant image invoked.

Word bank: In the picture one can see . . . / in the foreground / centre there are . . . / the picture shows an image of . . . / underneath that . . . / the biggest part shows . . .

Task 7: Analysis: What is the message of the picture? Who is addressed and why? What may be the photographer's intention? Come to a conclusion about what the picture is trying to show.

Word bank: the image draws attention to . . ./ there is a contrast between . . ./ it does not reveal detail at first sight because . . ./ the image is manipulated as . . ./ it is made immediately clear that . . .

Task 8: Evaluation: Comment on how effective the picture is. Does it get across a message? How does it attract attention?

Word bank: the picture catches and holds the viewer's attention because . . ./ it is very effective in . . ./ the image works because . . .

Worksheet 3: Country profiles

Task 9: Name the countries of the pictures of your choice (at least from two different countries/regions) and some stereotypes; use the worked example below as a model to **explain** your findings. Start like this:

My selection shows ....

The stereotypes bring to mind ....

My story begins with a look at the history of ....

Scaffolding:

Worked example

My story begins with a look at the history of the Amish community in Indiana:
The picture shows a favourite means of transport by the Amish people. They don't like to drive cars and therefore use their famous buggies drawn by horses. To their countrymen they look old-fashioned and almost backward. But in reality they strongly believe in God and care for each other in their close-knit communities.
The first Amish immigrated to the United States between 1719 and 1750 from Europe, mainly from Switzerland. Their belief binds the Amish to lead a traditional life that is pleasing to God. This includes the use of plain clothes, hats or bonnets, uniform styles of hair and beard, a life of farming within their community, no electricity, and keeping the German language.
Amish men are not allowed to serve in the army. Their children attend special schools and enjoy educational freedom in the United States. Amish principles are serving the good of the community and leading a religious life. Worldly success is not important to them and they mostly live in rural communities. But the lifestyle of Amish families is threatened, because farmland is rare. So many are now working in home construction and in quilt making. But against all odds, the Amish population more than doubled between 1974 and now. In the Midwest, we find Amish communities mainly in Ohio, Indiana, and increasingly also in Wisconsin.

Voc.: favourite: bevorzugt; means of transport: Transportmittel; buggies: Pferdewagen; backward: rückständig; close-knit: eng verbunden; to immigrate: einwandern; to bind: verpflichten; to include: einschließen; success: Erfolg; rural: ländlich; to threaten: bedrohen; quilt: Steppdecke

Find out more about the Amish on this website:
http://www.spurensuchemidwest.org/a_amish.htm (last accessed March 2016).

Worksheets 1 – 3: Anregungen zum Vorgehen und Lösungen

Worksheet 1: Favourite landmarks

Task 1: Schüler wählen ihre bevorzugten Anlaufpunkte als *landmarks* und/oder *icons* und füllen die Tabelle entsprechend aus, nachdem sie dazu einige Informationen im Internet, Reisebroschüren und Bildbänden gesammelt haben.

	landmark or icon?	**place of origin meaning**	**my favourite, because …**
picture **bagpiper**	**icon**	Scotland icon of folk music	individual solution
picture **Amish buggie**	**landmark**	US state of Indiana traditional means of transport	individual solution
picture **Great Ocean Road** **Twelve Apostles**	**landmark**	tourist attraction in Australia	individual solution
picture **Highland cattle**	**icon**	Scotland wild animals	individual solution
picture **game Chicagopolis**	**icon**	US – game based on Chicago (the Windy City)	individual solution
picture **Statue of Liberty**	**landmark and icon**	US – American Dream	individual solution

Task 2: Mit Hilfe des Scaffolding „locations and symbols“ werden die erforderliche Zuordnung sowie eine Unterscheidung zwischen *landmarks* und *icons* angebahnt und vertieft.

Task 3: Nachdem eine Auswahl auf diese Weise vorbereitet worden ist, konzentrieren sich die Schüler auf einige Ziele und recherchieren (im Internet oder anderen Quellen) die relevanten Informationen, die in kurzen Beschreibungen in die Tabelle eingetragen werden.

landmark	**location and description**
Amish buggie	history of the Amish community in Indiana (see worked example in task 9)
Twelve Apostles	individual solution
Highland cattle	individual solution
Statue of Liberty	individual solution
…	individual solution

Worksheet 2: Describing a picture

Task 4: Die Aussagekraft von Bildern wird an einem Beispiel (Optik des Löwen) thematisiert und in einem kurzen Text festgehalten. Die *word bank* dient als Scaffolding bei der Auswahl von Wörtern und Strukturen.

Tasks 5 – 8: In vier Schritten wird nun eine strukturierte Beschreibung zu einem jeweils auszuwählenden Bild angefertigt, die in Tandems erfolgt und im Plenum vorgestellt wird.

mögliche Lösung: Twelve Apostles
This picture shows an Australian landmark on the Great Ocean Road in Victoria. In it you can see the Pacific sea front with standing rocks, originally twelve which are called the Twelve Apostles. It shows rugged coast line, also known as the shipwreck coast. The photo draws attention to the beauty of the landscape and the wild surf at the same time. The biggest part shows the interplay between the sea, the coast line and the rock formation, inviting tourists to visit this landmark. The picture catches and holds the viewer's attention because the impact of the Pacific Ocean is made clear. The image works because it shows how inaccessible the coast is for landing ships.

Worksheet 3: Country profiles

Task 9: Das *worked example* wird als Muster genutzt, die unterstrichenen Wörter erklärt und die Geschichten zu ausgewählten Regionen (mindestens 2) mit entsprechenden *images* individuell aufgeschrieben. Die Texte werden von der Lehrkraft sprachlich und inhaltlich bewertet. Alternativ ist eine *peer group correction** möglich. Quellen mit zusätzlichen Auswahlmöglichkeiten finden sich unter: www.spurensuchemidwest.org (letzter Zugriff Juli 2016) im Menüpunkt Research Topics; http://www.telegraph.co.uk/travel/destinations/north-america/united-states/new-york/articles/Statue-of-Liberty-50-fascinating-facts/ (letzter Zugriff Juli 2016).

Unit 13: The Athens of the North

(Sek. I: 6./7. Lernjahr, B1/B2)

Allgemeine Erziehungsziele:

Geschichte und Gegenwart Schottlands;
Perspektivenwechsel;
Sehenswürdigkeiten und Nachbarschaften;
Literatur

Ziele fremdsprachlicher Bildung:

landeskundliche und interkulturelle Kenntnisse;
Geographie und Geschichte in Zielsprachenländern;
Stadtprofile;
Geschichten erzählen – historisch und aktuell;
interaktive Zugänge zu *cultural studies* und Spielszenen

Inhalte und Themen:

things to do in Edinburgh (EH);
things to know about Edinburgh (EH);
great Edinburgh quiz

Fertigkeiten, Fähigkeiten, Anbahnung von Kompetenzen
GeR (Auszüge):

Kann etwas erzählen oder in Form einer einfachen Aufzählung berichten (Europarat 2001: 65); kann eine eingeübte, kurze, einfache Präsentation zu einem vertrauten Thema vortragen (66); kann elementare Sprachfunktionen ausführen und auf sie reagieren, z.B. auf einfache Art Informationen austauschen, Bitten vorbringen, Meinungen und Einstellungen ausdrücken (122); kann längere Texte nach gewünschten Informationen durchsuchen und Informationen aus verschiedenen Textteilen zusammentragen, um eine bestimmte Aufgabe zu lösen (B1 – 75); kann die Hauptpunkte verstehen, wenn klare Standardsprache verwendet wird (B1 – 35); kann über Erfahrungen und Ereignisse berichten (B1 – 35); kann die Hauptinhalte komplexer Teste zu konkreten und abstrakten Themen verstehen (B2 – 35); kann sich zu einem breiten Themenspektrum klar und detailliert ausdrücken, einen Standpunkt zu einer aktuellen Frage erläutern und die Vor- und Nachteile verschiedener Möglichkeiten angeben (B2 – 35).

Bildungsstandards Englisch/Französisch für den Mittleren Schulabschluss
(Auszüge):

Kann zusammenhängende Texte zu vertrauten Themen aus eigenem Interessengebiet verfassen (KMK 2004: 14); Fähigkeit und Bereitschaft zur Wahrnehmung und Analyse

fremdkultureller Perspektiven (16); Schüler sind neugierig auf Fremdes, aufgeschlossen für andere Kulturen und akzeptieren kulturelle Vielfalt (16); verschiedene Hör- und Lesetechniken auf unterschiedliche Textarten (z. B. Sachtexte, Artikel, literarische Kleinformen) anwenden (16); mit Hilfe von Stichworten, Gliederungen, Handlungsgeländern Texte mündlich vortragen oder schriftlich verfassen (17); selbstständig, mit einem Partner oder in Gruppen längere Zeit arbeiten (18).

Sprachfokus:

Informationen strukturieren, bearbeiten und präsentieren;
skimming und scanning;
Vokabelarbeit;
Texte vergleichen;
Auswahl treffen und begründen

Lehr- und Lernstrategien:

tandem activities, negotiating choices, think-pair-share, telling stories, creating and conducting a quiz**

Evaluation:

formatives Feedback (im Rahmen der Lernaktivitäten); summatives Feedback: Bewertung von Präsentationen und abschließendem Quiz

Zum Vorgehen allgemein und zur Nutzung des *worksheet compass* siehe Unit 1.

Übersicht UE 13: The Athens of the North

Worksheet compass

phase	activities of		additional activities	scaffolding
	teachers	students		
planning	issues/problems to be solved	making selections	…	worksheet compass
	guiding questions and outcomes	learning goals evaluation	special tasks	research, historical knowledge
complex task	The Athens of the North	think-pair-share*, working in groups, presentations	creating a quiz	skimming and scanning*, negotiating choices, telling stories
worksheet 1	Things to do in Edinburgh (EH)	task 1: research, story writing task 2: characterise	task 3: discuss	negotiating choices
worksheet 2	Things to know about Edinburgh (EH)	task 4: fill in cloze task 5: compare	task 6: comment	history of famous sites
worksheet 3	Great Edinburgh Quiz	task 7: develop questions task 8: compile & publish	task 9: time machine	Edinburgh Quiz, role play

Worksheet 1: Things to do in Edinburgh (EH) (2 pages)

Task 1: The Scottish capital is full of wonders and wonderful stories, old and new. Two of them come to mind when you move along the Old Town of Edinburgh and get to George IV Bridge. There is a New Town as well with Georgian House in its center.

In groups, choose one of the picture stories below and **write the full story** after some **research** on the Internet. Then share your stories in a gallery walk*.

<table>
<tr><th>Greyfriar's Bobby</th><th>Harry Potter</th></tr>
<tr><td>
</td><td>
</td></tr>
<tr><td>My story –
The little dog and the soldier
They were both dedicated to each other and inseparable. As was the custom in the old days, Scottish regiments had their pets. When the soldier died – probably in a fight – the dog kept watch over his grave for many years. Some locals …</td><td>My story –
J. K. Rowling and her magic books
In Elephant House Café – on the same bridge as Greyfriar's Bobby – J. K. Rowling wrote her first chapters of Harry Potter on a napkin, or so the story goes. At the same Rowling was poor, had no job and living on national security money. But this changed dramatically when …</td></tr>
</table>

Voc.: dedicated: zugeneigt; custom: Gebrauch, Sitte; grave: Grab; national security money (aka dole): Arbeitslosenunterstützung

Task 2: There are many web-sites with information about Edinburgh, tourist, cultural and other. If you go to "About Britain" you will find an overview of "10 things to do in Edinburgh". In groups **characterise** these ten landmarks and add information about each of them. http://www.aboutbritain.com/towns/edinburgh.asp (last accessed March 2016)

Scaffolding:

landmark	information	preference
Calton Hill		
Edinburgh Castle		
Holyrood House		
Princes Street Gardens		
Scott Monument		
Nelson Monument		
Scottish National Gallery		
Scottish Parliament		
Arthur's Seat		
Science Centre "Dynamic Earth"		
...		
...		

Task 3: In the column "preference" you can add your own favourite sites. You should also **discuss**, in your group, whether you would have chosen different landmarks and, in that case, add them to the list above giving your reasons.

Worksheet 2: Things to know about Edinburgh (EH) (3 pages)

Task 4: Watching this video (http://www.hostelworld.com/blog/10-things-you-need-to-know-about-edinburgh/; last accessed July 2016) you will realise that, in part, the filmmakers chose different places to present. **Fill in the cloze**, choosing from the key words below:

Scaffolding: key words

busy – backpacker – haunted – story – August – seven – tales and legends – celebrity – waterfront – attraction – peak – rewarding – haggis – award-winning – famous – Bobby -feast – tribute – crescents – residence

Scaffolding: cloze

selection	contents
Old Town and New Town	cobbled streets versus best shopping centre and Georgian .... (1); Grass Market, Cow Gate, Royal Mile, St. Giles Cathedral, Canon Gate, Holyrood Palace – official .... (2) of the Queen of England
Edinburgh Castle	Scotland's top tourist attraction. Highlights in the Castle include the Great Hall where kings, queens and nobles came to .... (3), St Margaret's Chapel which is the castle's oldest surviving building, and the Scottish National War Memorial which pays .... (4) to those who have died in battle.
famous writers and stories/ legends	Writers' Museum (Lady Stair's Close, off Royal Mile): This museum showcases the city's .... (5) writers like Robert Louis Stevenson. Museum of Edinburgh (142 Canongate, Royal Mile): It tells the famous story of Greyfriar's .... (6) among other things. Also interesting: Deacon Brodies and Burke and Hare. National Gallery of Scotland (The Mound): Scotland's most important art gallery. National Museum of Scotland (Chambers Street): This fascinating museums has collections on everything from Scotland's origins to famous Scots.
haggis	No trip to Edinburgh is complete without trying .... (7) which is a mix of lamb, oatmeal and other things. There are many places in Edinburgh where you can try it but a good place is 'The Tass' (1 High St, Royal Mile) as they stock the .... (8) MacSween's Haggis.

selection	contents
Arthur's Seat	Overlooking Edinburgh is Arthur's Seat, a rocky .... (9) that climbs 251 m into the sky. While the climb to the top is a tough one, it is ultimately .... (10) as the views from the top are unforgettable. But if you don't have a head for heights or aren't feeling very energetic but you'd still like a great view of the city head to Calton Hill on the east side of Princes Street in the New Town.
Leith	Located just three miles from Edinburgh city centre, Leith is an attractive .... (11) suburb that is home to many bars and restaurants. The main .... (12) there is the Royal Yacht Britannia that was the official yacht to the British Royal Family from 1953 to 1997.
Scott Monument	Sir Walter Scott (1771 – 1832) was a Scottish historical novelist, famous for "Heart of Midlothian", "Ivanhoe" etc, born in the Old Town, his work was influenced by .... (13) of Scotland, he was a lawyer in EH, fascinated by the oral traditions from the Scottish Borders, lived in George Street, attained world-wide .... (14) through his Scottish novels. His first novel "Waverley" (1814) was a tale of the Jacobite Rising of 1745. He became known as "The Wizard of the North".
EH Festival	Edinburgh is the world's number one festival destination. The best time to visit Edinburgh for its festivals is .... (15) when no fewer than .... (16) festivals take place. These include the Edinburgh Book Festival, the Edinburgh Art Festival, and the Edinburgh Fringe Festival – the largest arts festival in the world.
Ghost tours	EH is one of the most .... (17) cities in the world and the Old Town in particular, is full of narrow lanes and closes, each with a different .... (18) to tell. There are lots of haunted tours operating in Edinburgh ....
Nightlife	There are amazing bars and clubs in Edinburgh, for example: Bar Salsa (3 Cowgatehead): Always .... (19) thanks to drinks promos. The Globe (15 Niddry St): Edinburgh's #1 .... (20) bar and one also with lots of promotions. Whistle Binkies (4 – 6 South Bridge; another entrance on Niddry St beside The Globe): One of the best places for live music in Edinburgh. The Dome (14 Georges St): A huge, imposing bar with breathtaking interior.

Voc.: crescent: halbmondförmige Seitenstraße, to pay tribute to so.: jdm. Anerkennung zollen, R. L. Stevenson: Autor der Schatzinsel, Deacon Brodie: EH Charakter tagsüber Priester, nachts Einbrecher, Burk and Hare: EH Charaktere, Leichendiebe für medizinische Zwecke, award-winning: preisgekrönt, peak: Gipfel, to have a head for sth.: zu etwas Lust haben, suburb: Vorstadt, Stadtteil, Scottish Borders: Grenzregion zu England, to attain: erringen, celebrity: Ruhm, wizard: Zauberer, Fringe Festival: alternatives Stadtfest in EH, haunted: von Spuk heimgesucht, close: kleine Nebengasse, promotion: hier Sonderangebot, imposing: beeindruckend

Adapted from http://www.hostelworld.com/blog/10-things-you-need-to-know-about-edinburgh/ (last accessed July 2016).

Task 5: Compare this selection with the 10 landmarks in task 2 and, in think-pair-share*, discuss the reasons for the differences. Whether you agree with this selection or not, it will be a good idea to collect as much information as possible about these "10 things to know".

Task 6: Comment on the differences between "things to do" and "10 things to know":

....

....

....

....

....

....

Worksheet 3: "Great Edinburgh Quiz" (3 pages)

Task 7: Divide into groups of three, each group selected for one of the items (involving 27 students altogether). These items are generated from the video and the things to do. With the help of keywords try to find additional information about the item/topic your group has chosen.

Each group will **develop up to three questions** related to their selected items, connected with multiple choice answers – sometimes more than one answer can be correct.

topic/item	**key words**
Old Town – New Town	cobbled streets, small neighbourhoods – shopping area, Georgian Crescent
Edinburgh Castle	…

topic/item	key words
Greyfriar's Bobby	...
Holyrood Palace	...
Princes Street Gardens	...
Scott Monument	...
Edinburgh Festival	...
Arthur's Seat	...
Scottish Parliament	...

Task 8: These questions and answers will then be presented in plenary to **compile** the final version of the quiz. Try the quiz in other classes of your school who are interested in a trip to Scotland and **publish** it in the English section of your school magazine.

Task 9 (additional activity): The Georgian House

Imagine using a **time machine** and moving back to the beginning of the 19th century. The players in Georgian House will introduce you to the situation (prep talk below) and you can then ask them questions. In tandems compile a list and act out questions and answers. You will find abundant information on this site: http://www.nts.org.uk/Property/Georgian-House/ (last accessed March 2016).

1: Prep Talk

Edinburgh – the New Town

After the final defeat of the Jacobite Rebellion (1746), the Edinburgh Town Council decided to act about the extension of buildings and the overall limited space for town development. They bought enough land north of the city and planned the construction of what would eventually be an entirely new city, to be called the New Town.

In March 1766 the city fathers sponsored a competition for developing the more than one hundred acres of land stretching towards the Firth of Forth as a single residential area. Professionals could submit whatever plans they wished the only requirement being that there was to be enough room for two churches. Finally, the award went to a 21-year-old mason called James Craig.

Craig had understood at once the political agenda behind the plans for a New Town. It showed in his choice of street names: George Street, Hanover Street, Princes Street and Queen Street – all referring to the English monarchy and celebrating their victory over the Scottish Highlanders. Thus, the New Town would commemorate the new Whig Scotland, a modern commercial society that was to be the equal partner of its neighbour to the south, with Edinburgh as its modern capital.

Voc.: Jacobite Rebellion: followers of the Scottish King James opposed rule from the English monarchy, but were defeated in the last Highland uprising on the battle field of Culloden (1746); the Whigs: political party in the UK supporting the Industrial Revolution and later renamed Liberal Party

2: The situation in the Georgian House in Edinburgh

(copyright Hamish McKenzie, Edinburgh)

3: You are about to move back in time ...

... to the home of Mr and Mrs Lamont. The year is 1811, King George is on the throne and Britain is at war with France against Napoleon. But tonight the family have a big celebration going on. With a party of select guests, they will celebrate the engagement of their daughter Georgina to Mr Alexander Keith. The house is very busy but visitors from outside are very welcome. The gentleman dressed in cravat and waistcoat is Mr Henry Cockburn, a successful Edinburgh lawyer and you – as the visitors from outside – are collectively called the 'Cockburn Party'.

You will be able to converse and interact with the Lamonts and their guests, among them Sir Walter Scott, the well-known novelist. The Lamonts believe themselves to be a very modern family. They own estates in the Scottish Highlands in a big way, had this grand house built in Edinburgh's New Town and had it fitted out with the latest gadgets, including running water to save their servants trouble. The guide accompanying you will help if they cannot answer some of them. But remember you cannot ask them about anything that happened after 1811! You will also be taught some Scottish country dances at the end of your visit.

This visit can happen virtually (like here) – or even in real terms, as the Georgian House is now in the care of the National Trust of Scotland and employs actors to regularly re-enact scenes from the everyday life in the 19th century Scottish capital.

Worksheets 1 – 3: Anregungen zum Vorgehen und Lösungen

Worksheet 1: Things to do in Edinburgh

Task 1:

Greyfriar's Bobby My story – **The little dog and the soldier** They were both dedicated to each other and inseparable. As was the custom in the old days, Scottish regiments had their pets. When the soldier died – probably in a fight – the dog kept watch over his grave for many years. Some locals took pity on him and fed him daily, till he died as well and was buried in the dog cemetery of Edinburgh castle. A little monument was erected at the south-west corner of George IV bridge and ever since visitors have rubbed Bobby's nose for good luck.	**Harry Potter** My story – J. K. Rowling and her magic books In Elephant House Café – on the same bridge as Greyfriar's Bobby – J. K. Rowling wrote her first chapters of Harry Potter on a napkin, or so the story goes. At the same Rowling was poor, had no job and living on the dole. But this changed dramatically when her first Harry Potter book was published. In seven instalments it became a world-wide success, translated into many languages and made into films. A community of Harry Potter fans was created.

Task 2: Scaffolding:

landmark	**information**	**preference**
Calton Hill	overlooking EH Old and New Town; site of an historical observation tower; resembling ancient buildings in Athens – hence the name of EH as "Athens of the North"	individuell
Edinburgh Castle	tourist attraction No 1; includes barracks of Scottish regiment; features Mon's Meg, a canon firing every day at one pm	individuell
Holyrood House	seat of British monarch when present in EH	individuell
Princes Street Gardens	unique feature of the city's main shopping area: one side shops, the opposite side huge gardens leading up to the castle	…
Scott Monument	Sir Walter Scott, author of many Scottish novels, EH Waverley railway station named after one of them	
Nelson Monument	relict from the wars against Napoleon	
Scottish National Gallery	world famous collection of pictures not only of Scottish origin	

landmark	information	preference
Scottish Parliament	opened in 1999, result of devolution in the UK, granting more independence to Scotland	
Arthur's Seat	extinct volcano in the middle of EH, challenge to climb but rewarding views	
Science Centre "Dynamic Earth"	in the vicinity of the new Scottish Parliament, represents the Scottish government's dedication to environmental protection and sustainability	
...		
...		

Task 3: individuelle Lösungen

Worksheet 2: Things to know about Edinburgh (EH)

Task 4:

selection	contents
Old Town and New Town	cobbled streets versus best shopping centre and Georgian **crescents** (1); Grass Market, Cow Gate, Royal Mile, St. Giles Cathedral, Canon Gate, Holyrood Palace – official **residence** (2) of the Queen of England
Edinburgh Castle	Scotland's top tourist attraction. Highlights in the Castle include the Great Hall where kings, queens and nobles came to **feast** (3), St Margaret's Chapel which is the castle's oldest surviving building, and the Scottish National War Memorial which pays **tribute** (4) to those who have died in battle.
famous writers and stories/ legends	Writers' Museum (Lady Stair's Close, off Royal Mile): This museum showcases the city's **famous** (5) writers like Robert Louis Stevenson. Museum of Edinburgh (142 Canongate, Royal Mile): It tells the famous story of Greyfriar's **Bobby** (6) among other things. Also interesting: Deacon Brodies and Burke and Hare. National Gallery of Scotland (The Mound): Scotland's most important art gallery. National Museum of Scotland (Chambers Street): This fascinating museums has collections on everything from Scotland's origins to famous Scots.
haggis	No trip to Edinburgh is complete without trying **haggis** (7) which is a mix of lamb, oatmeal and other things. There are many places in Edinburgh where you can try it but a good place is 'The Tass' (1 High St, Royal Mile) as they stock the **award-winning** (8) MacSween's Haggis.

selection	contents
Arthur's Seat	Overlooking Edinburgh is Arthur's Seat, a rocky **peak** (9) that climbs 251 m into the sky. While the climb to the top is a tough one, it is ultimately **rewarding** (10) as the views from the top are unforgettable. But if you don't have a head for heights or aren't feeling very energetic but you'd still like a great view of the city head to Calton Hill on the east side of Princes Street in the New Town.
Leith	Located just three miles from Edinburgh city centre, Leith is an attractive **waterfront** (11) suburb that is home to many bars and restaurants. The main **attraction** (12) there is the Royal Yacht Britannia that was the official yacht to the British Royal Family from 1953 to 1997.
Scott Monument	Sir Walter Scott (1771 – 1832) was a Scottish historical novelist, famous for "Heart of Midlothian", "Ivanhoe" etc, born in the Old Town, his work was influenced by **tales and legends** (13) of Scotland, he was a lawyer in EH, fascinated by the oral traditions from the Scottish Borders, lived in George Street, attained world-wide **celebrity** (14) through his Scottish novels. His first novel "Waverley" (1814) was a tale of the Jacobite Rising of 1745. He became known as "The Wizard of the North".
EH Festival	Edinburgh is the world's number one festival destination. The best time to visit Edinburgh for its festivals is **August** (15) when no fewer than **seven** (16) festivals take place. These include the Edinburgh Book Festival, the Edinburgh Art Festival, and the Edinburgh Fringe Festival – the largest arts festival in the world.
Ghost tours	EH is one of the most **haunted** (17) cities in the world and the Old Town in particular, is full of narrow lanes and closes, each with a different **story** (18) to tell. There are lots of haunted tours operating in Edinburgh …
Nightlife	There are amazing bars and clubs in Edinburgh, for example: Bar Salsa (3 Cowgatehead): Always **busy** (19) thanks to drinks promos. The Globe (15 Niddry St): Edinburgh's 1 **backpacker** (20) bar and one also with lots of promotions. Whistle Binkies (4 – 6 South Bridge; another entrance on Niddry St beside The Globe): One of the best places for live music in Edinburgh. The Dome (14 Georges St): A huge, imposing bar with breathtaking interior.

Task 5: individuelle Lösungen

Task 6: Different target groups come into play – tourists versus backpackers. The latter are more interested in cheap places and avoid expensive venues, where they might have to pay entrance fees beyond their budget …

Worksheet 3: Great Edinburgh quiz

Task 7:

topic/item	key words
Old Town – New Town	cobbled streets, small neighbourhoods – shopping area, Georgian Crescent, Royal Mile, Holyrood Palace
Edinburgh Castle	top tourist attraction, Royal Military Tattoo, canon Mon's Meg (only fires one shot at 1pm), Scottish meanness?, most famous landmark in EH
Greyfriar's Bobby	soldier's dog, watching his grave, living on for many years, supported by locals, means luck when rubbing nose
Holyrood Palace	Queen's residence, marks end of Royal Mile, connects to castle
Princes Street Gardens	middle of shopping area and pedestrian district, used to be filled with water, runs railway to Waverley Station
Scott Monument	Scottish historical novelist, fascinated by oral traditions of Scotland, re-invented the Highland tartans
Edinburgh Festival	biggest arts festival worldwide, each year in August doubles number of EH inhabitants, Fringe Festival as alternative
Arthur's Seat	overlooking EH, 251 meters above city, favourite walking area in Queen's Park
Scottish Parliament	gained full autonomy after devolution, new building with materials from all over Scotland, passes laws only relevant in Scotland

Task 8: Zwei Beispiele:

Which street connects the Old with the New Town?
The Mound.
What is Greyfriar's Bobby famous for?
A dog, surviving his master and sitting on his grave for many years.

Task 9: Nach Erstellung des Quiz werden die Fragen zusammengestellt und können in einer Parallelklasse erprobt werden.

Vorbereitung und Durchführung eines Rollenspiels auf der Grundlage der historischen Informationen.

Unit 14: Gorge Walking

(Sek. I: 6./7. Lernjahr, B1/B2)

Allgemeine Erziehungsziele:

Geschichte und Gegenwart Schottlands;
Sport und Schule;
Perspektivenwechsel;
Umwelterziehung;
extreme Situationen

Ziele fremdsprachlicher Bildung:

landeskundliche und interkulturelle Kenntnisse;
Sport und Umwelt;
Abenteuer in Gruppen;
Bildsequenzen und Beschriftung

Inhalte und Themen:

extreme sports and actions;
feelings of danger and reactions;
outdoor pursuits and sports in education

Fertigkeiten, Fähigkeiten, Anbahnung von Kompetenzen
GeR (Auszüge):

Kann etwas erzählen oder in Form einer einfachen Aufzählung berichten (Europarat 2001: 65); kann eine eingeübte, kurze, einfache Präsentation zu einem vertrauten Thema vortragen (66); kann elementare Sprachfunktionen ausführen und auf sie reagieren, z. B. auf einfache Art Informationen austauschen, Bitten vorbringen, Meinungen und Einstellungen ausdrücken (122); kann längere Texte nach gewünschten Informationen durchsuchen und Informationen aus verschiedenen Textteilen zusammentragen, um eine bestimmte Aufgabe zu lösen (B1–75); kann die Hauptpunkte verstehen, wenn klare Standardsprache verwendet wird (B1–35); kann über Erfahrungen und Ereignisse berichten (B1–35); kann die Hauptinhalte komplexer Teste zu konkreten und abstrakten Themen verstehen (B2–35); kann sich zu einem breiten Themenspektrum klar und detailliert ausdrücken, einen Standpunkt zu einer aktuellen Frage erläutern und die Vor- und Nachteile verschiedener Möglichkeiten angeben (B2–35).

Bildungsstandards Englisch/Französisch für den Mittleren Schulabschluss
(Auszüge):

Kann zusammenhängende Texte zu vertrauten Themen aus eigenem Interessengebiet verfassen (KMK 2004: 14); Fähigkeit und Bereitschaft zur Wahrnehmung und Analyse

fremdkultureller Perspektiven (16); Schüler sind neugierig auf Fremdes, aufgeschlossen für andere Kulturen und akzeptieren kulturelle Vielfalt (16); mit Hilfe von Stichworten, Gliederungen, Handlungsgeländern Texte mündlich vortragen oder schriftlich verfassen (17); selbstständig, mit einem Partner oder in Gruppen längere Zeit arbeiten (18).

Sprachfokus:

Informationen strukturieren, bearbeiten und präsentieren;
skimming und scanning;
Textproduktion;
beschreiben und Sequenzierung von Ereignissen;
Diskussionen und Standpunkte vertreten

Lehr- und Lernstrategien:

tandem activities, think-pair-share, placemat activities*, group puzzle; inside-outside circle*; sequencing*

Evaluation:

formatives Feedback (im Rahmen der Lernaktivitäten); summatives Feedback: Bewertung von Präsentationen und Diskussionen

Zum Vorgehen allgemein und zur Nutzung des *worksheet compass* siehe Unit 1.

Übersicht UE 14: Gorge Walking

Worksheet compass

phase	**activities of**		**additional activities**	**scaffolding**
	teachers	**students**		
planning	issues/problems to be solved	making selections	Scottish heroes and icons	worksheet compass
	guiding questions and outcomes	learning goals evaluation	special tasks	...
complex task	Gorge walking	think-pair-share*, working in groups, presentations	testing personal limits	group puzzle*, research, inside-outside circle* etc
worksheet 1	picture gallery	task 1: explain task 2: comment	task 3: sequencing & caption writing	story sequence
worksheet 2	what is said and done	task 4: outline, discuss task 5: comment	task 6: research and complete	concepts of danger
worksheet 3	outdoor pursuits – a new school subject?	task 7: discuss task 8: explain	task 9: write proposal task 10: research	letter to principal

Worksheet 1: Picture gallery (3 pages)

Task 1: In an inside-outside circle*, talk about your own experiences with holiday sports. Which activities do you fancy, which equipment do you need and what are the places you can go? **Explain** your favourite activities in plenary.

As an outdoor activity, gorge walking is enjoyed by families and their children who look for adventure and fun. It can be pursued in Scottish gorges and involves climbing up a running waterfall. You need some outdoor equipment like wet suits or vests, helmets and ropes in difficult places in the gorge. Sometimes you have to swim in pools and scramble and slide down wet rocks.
Voc.: gorge walking: Erklettern einer (Wasserfall-)Schlucht; to pursue: betreiben, ausführen; wet suit: Neoprenanzug; vest: Weste, Unterhemd; to scramble: krabbeln, kraxeln

Task 2: Gorge walking is an outdoor activity designed for groups to test their limits in the Highlands of Scotland. Reading the descriptions below you will get a first impression what this very popular activity is all about. Select one of the texts in your tandem and **comment** if you feel attracted to this extreme sport – or rather why it is not a good idea to risk your health.

Fill in the chart and discuss your results in plenary. You are welcome to use the language from the examples shown below.

Gorge walking is a fun activity I would like to engage in because...	**Gorge walking is too risky and doesn't make sense because ...**
....	....
....	....
....	....
....	....

Examples

1. Gorge walking in Scotland has become a popular sport in recent years and is an outdoor activity where you can experience adventure and prove your daring spirit. It takes you well off the beaten track and into the wilderness of rocks, rushing water and sometimes dangerous situations, where moving on is difficult. You need to try it for yourself and find out how much fun it is.
By gorge walking you can test your mettle. You start at the bottom of a waterfall, enjoy the wild rushing water and fast-moving torrents through rocky outcrops. You negotiate the gorge, scrambling from pool to pool, over ridges and other rocky obstacles. Some degree of physical fitness is needed and people with a fear of heights are not recommended to take part in it. Expect to get wet; you are also advised to get special equipment like wet suits, buoyancy aids, and hard hats. You begin your ascent at the bottom of the gorge, follow the running water through pools, across rocks and behind waterfalls. Walking on rocks is dangerous because they will be slippery, so you have to plan your every step very carefully. You will get out of the gorge only at the top of the main waterfall.

Voc.: off the beaten track: abseits vom Rummel; to test your mettle: seinen Mut unter Beweis stellen; to negotiate: bewältigen, passieren, überwinden; torrent: Sturzback; outcrop: Felsnase; buoyancy aid: Schwimmweste; ascent: Aufstieg

2. The Scottish highlands are the ideal spot for gorge walking. There are spectacular Scottish mountain sides where waterfalls rush down steep gorges into locks which are connected by little burns. Gorge walking involves climbing up into one of the gorges by following the descending waterline, scrambling over rocks, navigating pools (very often falling into them), and getting out of the gorge at the top of the main waterfall – which often is the biggest challenge. Climbing is made difficult because the rocks you are moving on are very slippery and often covered with moss. As there are no side banks in such gorges there are ropes at difficult parts of the waterfall. Yet, it is very possible that you will get wet or trip over rocks, so special equipment is needed like neoprene wetsuits, life jackets and helmets. Once you have overcome all difficulties and challenges there is no better feeling than to step out of the gorge at the top of the waterfall. Beginners should always have an experienced guide at their side because the likelihood of accidents is quite high.

Voc.: burn: little stream (Scottish); descending: fallend; to navigate: bewältigen, passieren, überwinden; bank: Ufer; likelihood: Wahrscheinlichkeit

Task 3: In this picture gallery you can see a **sequence** of a real gorge walk performed by a German school group in the Scottish Highlands near Loch Tummel. Put the nine pictures in the order you think is the correct sequence. Together with a partner, **write short captions** for the individual pictures and show your results in plenary.

(01) caption:

....

(02) caption:

....

(03) caption:

....

(04) caption:

....

(05) caption:

....

(06) caption:

....

(07) caption – the group's leader, 'Little Geordie':

....

(08) caption:

....

(09) caption:

....

Worksheet 2: What is said and done (2 pages)

Task 4: Now that you have got the sequence in the right order, think about the individual pictures and **outline** for each of them what is said and done by the students and their teachers. You can insert speech bubbles into the pictures in your tandem and compare your results in an inside-outside circle*. **Discuss** your results in plenary.

1 ....

2 ....

3 ....

4 ....

5 ....

6 ....

7 ....

8 ....

9 ....

Task 5: "Have you ever felt real danger?" is the question, Little Geordie, the group's leader and Loch Tummel ranger, uses to welcome his groups. Take a moment and consider this in the light of your personal experiences. Using think-pair-share*, **comment** on the question "How to confront danger in our days?" in plenary.

Task 6: Gorge walking is just one of the special Scottish ideas of sports – indoors and outdoors. **Research** in groups which other Scottish sports are practised and **complete** the list below. In a group puzzle* share your findings.

sports activities	**rules**	**likes/dislikes**
caber tossing		
golf		
square dance		
bagpipe competition		
sheep shearing		
curling		
shinty		
rugby		

you will get some more ideas on this website:
http://www.scotland.org/about-scotland/sport/ (last accessed March 2016)

Worksheet 3: Outdoor pursuits – a new school subject? (3 pages)

Task 7: How much sports would you like to pursue in your school – and which varieties do you prefer? **Discuss** your own experiences in groups of four, using a placemat activity. The middle part with "joint suggestions" of your group would be presented to your class.

Image of a placemat

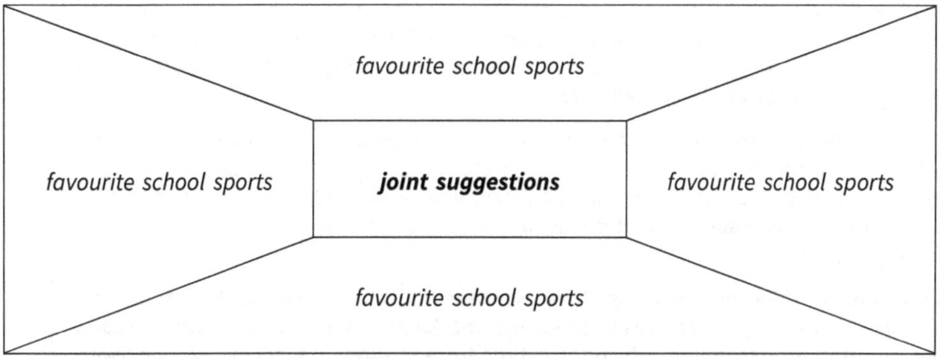

Task 8: Scotland is one of the few countries worldwide to include "outdoor pursuits" into their regular class work and has made it part of the official curriculum. In groups please study the scaffolding below and **explain** in a list possible advantages and disadvantages. Make use of the given language as much as possible – but do not cut and paste!

Voc.: curriculum: Lehrplan

Your list could look like this

Advantages of outdoor pursuit	**Disadvantages**
....	....
....	....
....	....
....	....
....	....
....	....
....	....

Scaffolding:

Opening classrooms for outdoor pursuits – the issues involved

John Dewey, the famous American educator of Chicago University Lab School, believed that learning in schools should be complemented by experiencing the outside world, as well. As a founder of project work, he advocated opening up classrooms and is quoted in asking what was the point in talking about sheep shearing, if students couldn't watch the animals and touch the wool?

Similarly, outdoor pursuits cannot be taught in classrooms but have to happen in the real world. In this way, students work and act in teams, taking responsibility for each other. They become aware of their natural surroundings, existing resources and the environment at large. By engaging in activities in nature they practice making decisions, and learning outside fosters their creativity.

Hiking in the countryside is made easier by using modern technology like digital compasses or satellite-based apps. Outdoor sports can thus be combined with content-based activities across the curriculum, including geography, sciences and studies of the environment and society. In this way, all kinds of skills may be acquired – those for learning, life and work.

One has to consider, however, that there are some downs in opening classrooms and leaving school for longer periods of time. In some Australian schools, the whole Year 8 goes on camp for a fortnight, which takes time from traditional teaching, working with (text)books and doing homework. Some of the activities in outdoor pursuits may seem to be rather a waste of time, not even taking into account that students are bound to get dirty and wet.

High transport costs and expensive accommodation come into the equation; apart from the fact that exams cannot always be prepared on time. In a nutshell: organising trips will take time, there is less control of student groups than in the classroom and learning is less structured.

At the end of the day, the ups and downs of outdoor pursuits have to be weighed carefully before they would become part of the school curriculum.

Task 9: By the given examples you feel encouraged to demand more outdoor education in your school or even make it a regular feature of school work. In tandems, **write a proposal** to your principal explaining

- your reasons for including outdoor education in your school
- examples from other countries you have heard about
- a balance of advantages and disadvantages (so that your principal won't discard your application from the start)
- possibilities how to improve the "green balance" in your school
- your willingness to support such projects and participate with your skills (gardening, building, wood work, animal care etc).

Swap your letter (of about 250 words) with a partner and discuss similarities and differences. After writing a second draft, please, hand this version in to your teacher for correction.

Dear principal,

....

....

....

....

Yours sincerely

Task 10 (additional activity): Do research about one of the following topics and create a short presentation for your class:

1. made in Scotland
2. Robert the Bruce
3. Scottish dishes
4. Braveheart

Worksheets 1 – 3: Anregungen zum Vorgehen und Lösungen

Worksheet 1: Picture gallery

Task 1: individuelle Lösungen

Task 2:

Gorge walking is a fun activity I would like to engage in because …	**Gorge walking is too risky and doesn't make sense because …**
getting close to nature testing your limits relying on each other bonding in danger	risking to break a leg getting wet for no reason too exhausting ruining the habitat

Task 3: mögliche Lösung:

1	(01) caption: What is this all about	2	(04) caption Should I really go?	3	(03) caption: getting ready
4	(06) caption: ready to go	5	(07) caption: it's going to be really dangerous	6	(02) caption: get on the hook
7	(05) caption: a tough struggle	8	(09) caption: the first to get wet	9	(08) caption: in the water

Worksheet 2: What is said and done

Task 4: mögliche Lösung:

1. "Have you ever felt real danger?"
2. "Hope the rope is strong enough for all of us!"
3. Fixing the gear properly.
4. "OK, why not? Let's get going."
5. "Oh, my god! This is really cold."
6. "This is too narrow! We need a hook."
7. "Watch your fall into the pool!"
8. Some just did it.
9. How will Hamish get out of the pool?

Task 5: individuelle Lösungen

Task 6:

sports activities	**rules**	**likes/dislikes**
caber tossing	tree trunks are thrown, must hit ground on opposite site	individuelle Lösung
golf	invented in St. Andrews, Scotland – 9 or 18-hole competition using clubs and golf balls	individuelle Lösung
square dance	Scottish country dance – performed individually and with traditional moves	individuelle Lösung
bagpipe competition	outdoor activity – bagpipes played on hillsides with ancient anthems	individuelle Lösung
sheep shearing	speed measured in which a sheep is sheared by hand clippers	individuelle Lösung
curling	played on ice using special sticks; also known in Bavaria as ice stock sport	individuelle Lösung
shinty	Scottish version of hockey – same rules apply	individuelle Lösung
rugby	tackling allowed, ball is elliptic	individuelle Lösung

you will get some more ideas on this website:
http://www.scotland.org/about-scotland/sport/ (last accessed March 2016)

Worksheet 3: Outdoor pursuits – a new school subject?

Task 7: individuelle Lösungen

Image of a placemat

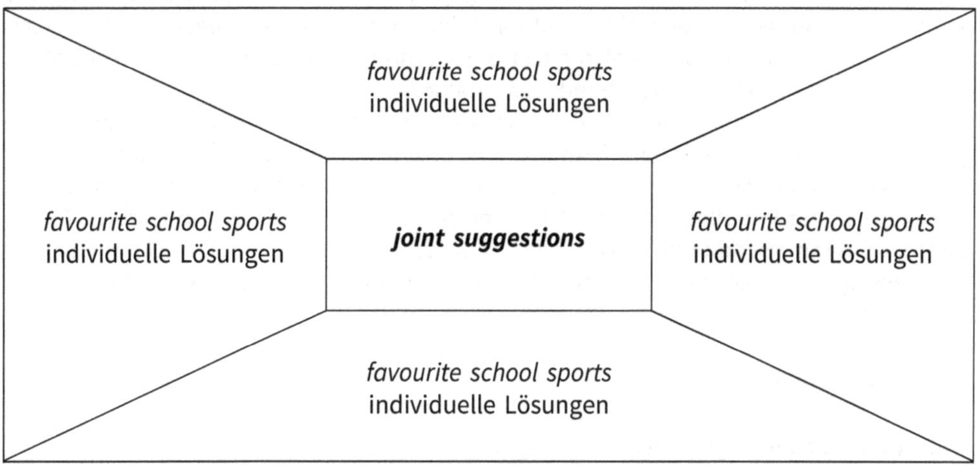

Task 8:

Advantages of outdoor pursuit	**Disadvantages** …
take responsibility for themselves and others	less time for work in school with textbooks
awareness of resources and the environment	wasting time on unimportant activities
opportunities for children to make decisions	getting dirty and wet
fostering creativity through learning outside	transport costs and expensive accomodation
digital technology can be employed	exams cannot be prepared on time
interdisciplinary learning – combining more than one subject	…
skills for learning skills for life skills for work	organising trips takes time less control in classroom learning not enough structured

Task 9: mögliche Lösung:

Dear Sir/Madam,
During our last holidays, my family and myself went on a trip to the Scottish highlands and did some mountain climbing. The highlight of our trip was an activity called "gorge walking", where we had to climb up a waterfall in a steep gorge. This was not quite a challenge but also a great chance to help each other and get support in difficult spots of the gorge – you couldn't have done this alone!
During our gorge walk we met some Norwegian students who told us that in their school outdoor activities like gorge walking are part of the curriculum and are actually taught in sports classes called "outdoor pursuits".
I write to you because I feel this should also happen in our school. Apart from testing and building your physical fitness, this would also improve social skills because you always depend on your comrades. It is also a fact that outdoor pursuits increase concentration, creative skills and help develop bonds with nature.
Part of outdoor pursuits could also be working on the school grounds, creating new gardens and an animal sanctuary. In this way we could improve our school's green balance. Of course there are some extra precautions to be taken in this new school subject; but rescue skills and handling proper equipment can be made part of the lessons. Please consider this request and put it to the school board. I know that a lot of my classmates will help developing a special curriculum with their gardening, wood work skills and their care for animals.
Yours sincerely
Tom Sanachan (263 words)

Additional activity: individuelle Lösungen

Unit 15: Media's Influence: Opinions, Activism, & Outcomes

(Sek. II: 6./7. Lernjahr, B1/B2+)

Allgemeine Erziehungsziele:
Medien kritisch analysieren;
Debattenkultur;
Perspektivenwechsel;
Standpunkte verstehen und vertreten

Ziele fremdsprachlicher Bildung:
landeskundliche und interkulturelle Kenntnisse;
Rolle der Vereinten Nationen;
Medien und soziale Netzwerke kompetent nutzen;
Interessen verstehen und abwägen;
Regeln und Verfahren einer (amerikanischen) Debatte kennen;
Rollenspiel und Auswertung

Inhalte und Themen:
UNIS-UN youth conference;
media issues;
case studies;
American debating;
agreeing - disagreeing;
role play debating

Fertigkeiten, Fähigkeiten, Anbahnung von Kompetenzen
GeR (Auszüge):

B1: Kann eine eingeübte, kurze, einfache Präsentation zu einem vertrauten Thema vortragen (Europarat 2001: 66); kann eine Geschichte erzählen (67); kann sich in einem Interview verständlich machen (und Informationen und Ideen zu vertrauten Themen mitteilen) (85); kann elementare Sprachfunktionen ausführen und auf sie reagieren, z. B. auf einfache Art Informationen austauschen, Bitten vorbringen, Meinungen und Einstellungen ausdrücken (122); kann längere Texte nach gewünschten Informationen durchsuchen und Informationen aus verschiedenen Textteilen zusammentragen, um eine bestimmte Aufgabe zu lösen (B1 – 75).
B2: Kann etwas systematisch erörtern und dabei entscheidende Punkte in angemessener Weise hervorheben und stützende Einzelheiten anführen. (Europarat 2001: 65); kann eine klare und systematisch angelegte Präsentation vortragen und dabei wesentliche Punkte und relevante unterstützende Details hervorheben (66).

Bildungsstandards Englisch/Französisch für den Mittleren Schulabschluss (Auszüge):

Fähigkeit und Bereitschaft zur Wahrnehmung und Analyse fremdkultureller Perspektiven (KMK 2004: 16); Schüler sind neugierig auf Fremdes, aufgeschlossen für andere Kulturen und akzeptieren kulturelle Vielfalt (16); Schüler können mit Hilfe von Stichworten, Gliederungen, Handlungsgeländern Texte mündlich vortragen oder schriftlich verfassen (17); selbstständig, mit einem Partner oder in Gruppen längere Zeit arbeiten (18); zusammenhängende Texte zu vertrauten Themen aus eigenem Interessengebiet verfassen (B1) (14).

Sprachfokus:

Sprachmittel für *American debating*;
thematisch orientierte Redemittel und Strukturen;
dress code & code of conduct;
rebuttal & evaluating;
rules for American debating

Lehr- und Lernstrategien:

inside-outside circle; comparisons and presentations; plenary discussions; crib sheets*; word search*

Evaluation:

formatives Feedback (im Rahmen der Lernaktivitäten mit *comparisons, negotiations, explanations of rules and codes, plenary discussions, research*); summatives Feedback: Bewertung der Verständnisprüfung, der Rollenprofile und Podiumsdiskussion

Zum Vorgehen allgemein und zur Nutzung des *worksheet compass* siehe Unit 1.

Übersicht UE 15: Media's Influence: Opinions, Activism, & Outcomes

Worksheet compass

phase	activities of		additional activities	scaffolding
	teachers	**students**		
planning	issues/problems to be solved	making selections	...	worksheet compass
	guiding questions and outcomes	learning goals evaluation	special tasks	...
complex task	Media's Influence: Opinions, Activism, & Outcomes	think-pair-share*, working in groups, plenary and panel discussion, presentations	youth conference panel discussion	crib sheets*, wordsearch, useful phrases, code descriptions
worksheet 1	UNIS-UN youth conference	task 1: describe, explain, discuss		role of UN & UNIS
worksheet 2	The issues	task 2: analyse	task 3: outline, characterise, evaluate	critical thinking
worksheet 3	Case studies pro and con	task 4: describe, discuss		pro/con negotiation
worksheet 4	Word search and crossword puzzle	task 5: check understanding		tests
worksheet 5	American debating	task 6: decide, check comprehension		rules of American debating
worksheet 6	Useful phrases	task 7: select and practise, discuss strategy		
worksheet 7	The debate as a role play	task 8: prepare role cards, role play, evaluate		role play

Worksheet 1: The UNIS-UN youth Conference

Every year (since 1976), the United Nations International School (UNIS) organises a youth conference in New York. More than 500 students, between 16 and 18 years of age, from all over the world discuss controversial issues, and the UN General Assembly Hall is given over to them for two days in March. In past years the conference was regularly opened by the Secretary General, Mr. Ban Ki-moon. In recent years, some German schools have also been included in the invitation to the conference - each school can send six students only. The conference is completely and only organised by Year 11 of UNIS as their final school project. The theme of the 2016 conference (the 40th anniversary, cf. http://www.unis-un.org/confs/2016/; last accessed June 2016) is "Media's Influence: Opinions, Activism, & Outcomes".

Voc.: General Assembly Hall: Konferenzraum der UNO Generalversammlung

Task 1: Describe which aspects of the dress code surprise you and which you find reasonable. **Explain** how the code of conduct fits in with the special location of the youth conference. **Discuss** in plenary whether your school should apply.

Dress Code - As the attire worn by participating students should show respect for the special place of the conference and the integrity symbolized by the United Nations, the UNIS Student Organization Committee has recommended the following dress code for participating students:
None of the following should be worn on either day of the UNIS/UN conference: jeans, sneakers, hats, thongs, trainers or rain boots; baggy clothing; sweatpants or tracksuits; tight, revealing or see-through clothing; high heels or low cut dresses.
For **girls** it is appropriate to wear knee-length skirts or dresses or dress pants and to have their shoulders covered. Only when wearing dress shirts, opaque leggings are acceptable. For **boys** it is appropriate to wear a suit or dress pants accompanied by a jacket, dress shoes, and collared shirt with a tie.

Voc.: attire: Kleidung; integrity: Seriosität; opaque: blickdicht; collar: Hemdkragen

Code of conduct for the United Nations General Assembly Hall
Students are representing their schools and the UNIS community. They are therefore supposed to be acting accordingly and behave with courtesy and self-control:

- Students should remember that there will be many dignitaries present at the conference on both days, so they are to be respectful and thoughtful of all personnel and staff;
- Polite behavior is expected at all times;
- No food, drinks gum etc. must be brought into the General Assembly Hall at any time during the conference;
- Valuables must not be left unattended;
- Mobile phones are NOT permitted in the General Assembly Hall;
- The participants are not to touch, tamper with, or remove any microphone, earplugs, or material that have not been distributed by UNIS. They are not to touch any United Nations Equipment;
- Students must always sit in their assigned seat, and follow all instructions given by ushers and advisors.

These rules are to be observed without exception, contravening behavior will lead to intermediate exclusion from the conference.

Voc.: courtesy: Höflichkeit; dignitaries: Würdenträger; to tamper with: hantieren mit; usher: Platzanweiser

Worksheet 2: The issues

Task 2: Analyse the issues behind the 40th UN-UNIS conference on "Media". In groups write a crib sheet* with key words and compare in plenary.

The topic

Media's influence on opinions, politics, culture and social networks are the focus of the 2016 UNIS-UN conference in New York. Media related topics will be explored by students from 30 different countries from all over the world. They will investigate social media as a source of change and a platform for propaganda, social reform and activism. The focus is on the ways media shapes statistics and trends, informs and manipulates people and even can bring about political unrest or social improvements. During the last decade there has been a drastic change in the media landscape. Not only how it is consumed, but also how its growing influence effects the way people are thinking and acting. Social media enables businesses to advertise their products in an inexpensive and successful manner, allowing companies to promote their respective brands. Social media has also inspired mass movements in many countries and encouraged people to demonstrate for freedom and political change. Still, traditional forms of media (television, newspapers, magazines and books) have great influence on culture, politics and international relations. They can offer broad perspectives on many challenging issues. But the days are over, when leading newspapers or television shape opinion and influence how people think. More than 60 % of young people get their information and news from the Internet, and more than 50 % share personal messages and news with their friends on social platforms. Recent developments show how the impact of media can support different forms of activism, like protests and assaults against refugees, right wing movements and riots, even influence national referenda or presidential elections. The question is therefore whether the use of social media is beneficial or detrimental to our society.

Task 3: Outline the influence of YouTube on millions of people and the reasons for its growth. **Characterise** the purpose of the video clips and their effects. **Evaluate** your own experiences and why you think that YouTube has either a beneficial or negative impact on people's opinions, including your own.

YouTube – a universal source

Every day, millions of people watch video clips on YouTube and some have been viewed more than a billion times. Amongst topics and presentations there seems to be a fierce competition as to their popularity and usefulness. YouTube has the potential to transform an idea into politic actions or social movements and hence act as a tool for global activism. It can also transform an idea into successful projects, which may result in major scientific advancements. In an everyday sense, people use YouTube to upload personal preferences for music and hobbies, learn about difficult matters or even use it as a tutorial for digital and other technological details.

One youtuber has over one million subscribers ("Make it count"). His videos and "vlogs" describe his voyages to countries all over the world and explore thought provoking concepts in a creative format. His clips are unique in that they demonstrate the value of routine experiences and force viewers to abandon old routines and evaluate their own lives from a new perspectives presented here (https://www.youtube.com/watch?v=WxfZkMm3wcg).

While YouTube has been used as a means for corruption and deceiving people, it may also work as a catalyst for global interaction, discovery and support in times of conflict and crises. Finally, YouTube is able to provide information that would have taken years to uncover and reveal in the past.

Voc.: scientific advancement: wissenschaftlicher Fortschritt; unique: einzigartig; catalyst: Katalysator, Auslöser

Worksheet 3: Case studies pro and con

Task 4: In an inside-outside circle* **describe** the advantages and disadvantages of the impact of social media. Present and **discuss** your findings in plenary.

Advantages: ....

Disadvantages: ....

Case study pro: Social media as a tool for global activism
Communication has always depended on location and the society in which it occurs. With globalisation barriers seem to disappear and social media has taken over as a mainstream outlet for communication. Websites and applications enable users to create and share content or even participate in social networking. Journalists are enabled to avoid censorship and publish unfiltered news in that they can reach a public unhampered by political repression and cultural differences. In this way they can formulate well-supported opinions and activists can use social media to communicate opinions and their cause to a wide audience.
A case in point are campaigns like the PrayforParis and the #BringBackOurGirls which have gained global recognition in 2014 and 2015. In the 24 hours following the terrorist attacks that claimed the lives of 129 people in Paris (2015), more than 70 million people went to Instagram to share their support and prayers for the French victims, according to the social network. In Nigeria, the extremist group Boko Haram captured 200 girls from their local boarding school, and in spite of protests the government paid little attention. But social media played an instrumental role in forcing the national and international governments to react to the situation. Such campaigns demonstrate the social media's ability to raise awareness and promote change on local and international levels, enabling actors to initiate protest and change within their respective communities and providing the global community with immediate access to relevant information.

Voc.: unhampered: ungehindert; to raise awareness: Bewusstsein wecken

Case study con: Business manipulation
Social media is an interactive instrument and has developed into a promotional platform upon which companies can target various communities. It allows for direct communication between business and their customers. This is why companies use social media as a primary form of advertising using easy access to a wide audience. At the same time, the number of social media users is rapidly increasing – to 2.13 billion in 2016, one third of the world's population. There is a wide range of audiences, from teenagers to adults of all ages. Linkedin, for example, is the most popular form of social media for professionals to network and search for jobs. In the retail market, on the other hand, networks like Twitter, Instagram, Snapchat of Facebook are made use of. These platforms are designed for young customers but not limited to them.
Most social media users are not aware of the fact that every activity is shared with both their followers and companies that can be connected with its contents. If you order books from Amazon, there is a hint that other readers liked this or similar products. If you visit a retail platform, other products are advertised at the same time and it takes some effort to delete adverts. Certain methods are used to locate keywords that companies can then use to appeal to peoples' interests and needs. Social media also provides information regarding the latest trends: who is wearing what, who is eating what and who is using what. Thus, social media is a powerful networking and marketing tool.

Voc.: to target communities: Zielgruppen erreichen; range: Bandbreite; retail: Einzelhandel

Worksheet 4: Word search

Task 5: Do the word search to **check your understanding** of key words and concepts concerning the American debate and the motion involved.

Word Search

J	A	O	F	A	C	E	B	O	O	K	P	S	D	Z
K	I	Y	Y	T	I	L	I	B	A	I	L	E	R	S
O	D	U	N	N	H	Q	T	D	M	J	F	V	B	O
C	E	E	L	E	E	Y	M	O	S	R	B	T	L	C
O	M	A	Q	M	B	C	B	N	I	P	Q	K	O	I
N	K	D	K	E	I	A	K	E	L	Y	A	R	G	A
S	Y	N	I	S	A	C	Z	W	A	H	P	A	S	L
U	F	A	E	I	S	O	D	S	N	O	S	C	M	Y
M	S	G	L	T	H	V	U	P	R	D	Z	T	O	C
E	T	A	C	R	I	D	U	A	U	Y	Q	I	V	W
R	C	P	I	E	L	A	T	P	O	P	H	V	E	C
R	A	O	T	V	H	E	E	E	J	G	V	I	M	A
B	P	R	R	D	D	L	O	R	A	D	S	S	E	N
L	M	P	A	A	X	L	A	B	O	L	G	M	N	L
C	I	L	L	L	O	U	T	C	O	M	E	S	T	E

Key words and concepts:

ACTIVISM ADVERTISEMENT ADVOCACY ARTICLE BIAS BLOGS CONSUMER CORPORATE FACEBOOK GLOBAL IMPACT JOURNALISM MEDIA MOVEMENT NEWSPAPER OUTCOMES PROPAGANDA RELIABILITY SOCIAL

Worksheet 5: American debating

Task 6: Depending on your own opinion, **decide** which group you would like to join, either in favour of social media or sceptical of it; the **motion** of the 2016 youth conference being **"Is the use of social media beneficial or detrimental to society?"** Based on this motion, the panel discussion is the highlight of the UNIS-UN youth conference, following the rules of American debating.

The rules for American debating

On the panel are: two speakers for the affirmative rebuttal and two speakers for the negative rebuttal. The affirmative speakers propose the motion and second it, the negative side opposes it and tries to weaken points made. *Only the affirmative speaker can cross-examine.* In the second phase of the debate the rebuttal speakers appear: rebuttal 1 speaks against the motion, attacking the affirmative position and defending his own, negative one. Rebuttal 2 is for the motion and defends affirmative position. This can be repeated as long as new arguments are presented. Finally, rebuttal 2 sums up debate from his team's point of view, selects winning issues a sells them to the audience. A concluding vote is taken by the chairman – the audience raises hands pro or against the motion.
Further roles on the panel are: the jury – up to three people; concentrate on delivery, deduct points if speeches are mainly read, if unfair personal comments are made; if speakers are talking off the point; the chairman – concentrates on but does not get involved in the debate; the audience – listen to arguments; vote on the motion at the end of the debate; time keeper – stops speakers if they exceeded their time limit and makes sure that the timing of turns (5 minutes max.) is observed.

Check your comprehension

Familiarise yourself with the different stages of the American debate and tick the correct box. Correct the wrong ones in complete sentences.

1) The first speaker introduces the motion true ☐ false ☐

....

2) All speakers are allowed to conduct cross-examinations. true ☐ false ☐

....

3) Cross-examinations take eight minutes each. true ☐ false ☐

....

4) Rebuttal speakers perform the same role as the others. true ☐ false ☐

....

5) The jury can deduct points. true ☐ false ☐

....

6) The chairman can actively participate in the debate if arguments go wrong. true ☐ false ☐

....

Worksheet 6: Useful phrases

Task 7: In order to prepare for the event – as a role play in your class – you can **practise useful phrases** (see below "useful phrases …") in your group of either pro or con advocates. Also, **discuss** the strategy your group wants to apply either in the affirmative or negative of the motion; special attention is needed for the agents of rebuttal* and cross-examination.

Useful phrases for your debate

expressing your opinion	**agreeing**
as far as I'm concerned the way I see it in my opinion I'm convinced that it seems to me according to I expect I can't see any reason after all/above all	all right/that's right absolutely, I couldn't agree more yes, that's definitely the case that's how I feel about it, too that's true/possible exactly that's great good point
disagreeing	**(rhetorical) questions**
I beg to differ I doubt that very much that can't be right on the contrary I hear what you are saying, but I can't agree with you on that point that doesn't convince me at all that's not the problem/the question	I wonder if you could are you implying that excuse me, how are you saying may I request would you like to comment on are you seriously suggesting that
persuading people	**rebuttal**
you ought to I think we'd better it would be a good idea how can you persuade people to I'd like to propose a motion I'd advise you I'd like to make a suggestion it is generally accepted I assure you	have you ever considered is it right that in my opinion I see what you mean but let's now look at would you mind telling us what about the (next) point I would like to make is I'd like to stress the fact that to sum up I would like to say

Worksheet 7: The debate as a role play

Task 8: In **preparing role cards** for your debate (speakers, rebuttal speakers, jury, chairman, timekeeper) you may want to draw on the open dialogue. **Role play** the debate in plenary and stick to the roles described in the rules (see worksheet 5). After the audience has taken their vote, **evaluate** the debate.

Open dialogue

pros	cons
The social media campaign in April of 2014 known as *#bringbackourgirls* stirred global outrage after 276 schoolgirls were kidnapped in a Nigerian village by the Islamic terrorist group Boko Haram. This hashtag raised global awareness and was aimed at the Nigerian government, as they did not take systematic action against Boko Haram: it was mentioned through various social media platforms over one million times. The Arab Spring was a revolution of anti-governmental protest in the Middle East and North Africa demanding democracy. Arab Spring was mentioned throughout social media. During the Tehran protest, Americans could see the protests and support the protesters through posting with the hashtag *#arabspring* on Instagram, Twitter and Facebook. Independent media is more accessible, allowing anyone with access to the Internet to share and interact within the online community. The information provided through independent media is not subject to censorship, which gives the public more freedom to openly discuss and share news. Independent media enables activists to reach and connect with a wide global audience in order to support social and political movements.	Propaganda operatives working under ISIS post thousands of videos on YouTube showing torture, murder, attacks and suicide missions. Cyberbullying occurs when a person is humiliated or harassed by another person through the Internet, digital technologies or mobile phones. In 2014, 25 % of teens explained that they experienced some form of repeated bullying via the Internet or cellphone. Of the young people who reported incidents against them, they stated the bullies used online threats. Cyberbullying can have extreme psychological impacts on a young person. This can hinder emotional development and academic progression. Stories and news covered by independent media tend to last very short periods of time, since most of what goes on in the online community is spontaneous. When a reader relies solely on popular social media for news, they will receive unverified facts that can be misunderstood.

Worksheets 1 – 7: Anregungen zum Vorgehen und Lösungen

Worksheet 1: UNIS-UN youth conference

Task 1:

Describe: (surprise) girls' attire – dresses, skirts knee-length, cover shoulders (reasonable) casual clothing not appropriate, shoes, jacket and tie.
Explain: integrity, special occasion, no food and cellphones allowed, equipment must not be touched, representing schools and UNIS community, courtesy and self-control, respect for dignitaries, following instructions, consequences indicated.
Discuss: special learning environment, exciting project, privilege for school community.

Worksheet 2: The issues

Task 2: Analyse: (crib sheet) strong influence of the media, revolution in media landscape, control of how people think and act, companies can advertise products, inspiring mass movements, influence on international relations, declining role of traditional media, many young people get information via the Internet and social media, supporting activism, beneficial or detrimental to society.

Task 3:

Outline: millions of people watch video clips, competition between popularity, tool for global activism
Characterise: can transform ideas into a mass movement, upload personal preferences, explain difficult matters, used as a vehicle for corruption but also promoted global interaction and discovery, immediate access to information
Evaluate: individuelle Lösungen

Worksheet 3: Case studies pro and con

Task 4:

Advantages: outlet for communication, social networking, avoiding censorship and publishing unfiltered news, supporting activist movements, examples of Nigeria and Paris terrorist attacks, pressure on governments to act.
Disadvantages: companies can manipulate customers, abuse social media for advertising, easy access to a wide audience, use „retargeting" by manipulating media users, powerful networking and marketing tool, customer protection not safe.

Worksheet 4: Word search

Task 5: Lösungen

Word Search

J	A	O	F	A	C	E	B	O	O	K	P	S	D	Z
K	I	Y	Y	T	I	L	I	B	A	I	L	E	R	S
O	D	U	N	N	H	Q	T	D	M	J	F	V	B	O
C	E	E	L	E	E	Y	M	O	S	R	B	T	L	C
O	M	A	Q	M	B	C	B	N	I	P	Q	K	O	I
N	K	D	K	E	I	A	K	E	L	Y	A	R	G	A
S	Y	N	I	S	A	C	Z	W	A	H	P	A	S	L
U	F	A	E	I	S	O	D	S	N	O	S	C	M	Y
M	S	G	L	T	H	V	U	P	R	D	Z	T	O	C
E	T	A	C	R	I	D	U	A	U	Y	Q	I	V	W
R	C	P	I	E	L	A	T	P	O	P	H	V	E	C
R	A	O	T	V	H	E	E	E	J	G	V	I	M	A
B	P	R	R	D	D	L	O	R	A	D	S	S	E	N
L	M	P	A	A	X	L	A	B	O	L	G	M	N	L
C	I	L	L	L	O	U	T	C	O	M	E	S	T	E

Worksheet 5: American debating

Task 6:

Check your comprehension

Familiarise yourself with the different stages of the American debate and tick the correct box. Correct the wrong ones in complete sentences.

1) The first speaker introduces the motion — true ☑ false ☐
2) All speakers are allowed to conduct cross-examinations. — true ☐ false ☑

   Only affirmative speakers are allowed to conduct cross-examinations

3) Cross-examinations take eight minutes each. — true ☐ false ☑

All contributions are limited to five minutes each

4) Rebuttal speakers perform the same role as the others. — true ☐ false ☑

Rebuttal speakers need to attack the other team, defend their own team's position and convince the opposition and the audience of their point of view.

5) The jury can deduct points. — true ☑ false ☐
6) The chairman can actively participate in the debate if arguments go wrong. — true ☐ false ☑

The chairman's job is to stop speakers if they exceed their time limit and make sure that the timing of turns in the debate is observed.

Worksheet 6: Useful phrases

Task 7: Strategy: summarising arguments in the affirmative or negative respectively, connecting useful phrases and outlining argumentation, rebuttal (*gezielte Gegenrede, Zurückweisung*) needs to be precise and focussed, taking in counter arguments, cross-examination enlivens the debate but must be friendly

Worksheet 7: The debate as a role play

Task 8: Role cards:

Die Rollenkarten werden in Gruppen für die unterschiedlichen Funktionen der Podiumsteilnehmer ausformuliert und nutzen – neben den pro/contra Texten – vor allem die Informationen des *open dialogue*.

Die Podiumsdiskussion wird als Rollenspiel durchgeführt und anschließend im Plenum ausgewertet. Die Lerngruppe wird in aktive Diskutanten und Zuhörer unterteilt. Es ist sinnvoll, für die Zuhörer Beobachtungsaufgaben zu formulieren, darunter auch die Bitte, ihr Abstimmungsverhalten zu begründen.

Glossary

of teaching strategies and learning skills

Agents of rebuttal

Method used in American Debating. Additionally to a traditional pro/con debate, agents of rebuttal are given space for refuting or disproving an argument used during a discussion. Each of the contesting sides is allowed two rebuttals (Gegenbeweis, Widerlegung) to liven up the argument. Agents of rebuttal must be well informed and punchy. No match for a weak heart!

Crib sheet

A piece of paper that contains notes or information to help you remember something, especially one used for cheating during an examination (German = Spickzettel).

Direct Instruction

Gallery walk (aka group puzzle)

After working in groups (of 4 or 5), one group member presents a poster with the results of their group in a corner of the classroom, to be followed by the other group results. For the ensuing gallery walk, groups will be composed in a different way: each new group will at least have one expert for the respective poster. All students walk from one poster to the next (the gallery), whereas one expert remains with the poster of his own group to present contents and answer questions. Finally, all "experts" join their original groups and report on other students' reactions. Takes some time but is great fun!

Inside-outside circle (ball bearing – *Kugellager*)

You work with a partner or in a learning tandem. The classroom seating is arranged in an inner and an outer circle, with partners facing each other and dealing with the issue/question/project at hand. After a limited time, the circle moves clockwise inside and anti-clockwise outside, so that new tandems come into being. In this way new ideas and solutions can be discussed, afterwards a report on the results in plenary is necessary. Ideal learning strategy to revise vocabulary, deal with homework and solve grammar questions.

Jigsaw Reading/Listening

Activities based on an expert/home grouping. Each group gets a different set of information (to read or to listen to) in which you become 'experts'. After you are done with the tasks you regroup in a second step, share your information with members of your new, mixed group and listen to others' information. In a third step, you rejoin your original group and report on your findings.

Example: If you are collecting factual information, each group will have a section of a report. One group may have information about the habitat of an animal, one about its feeding habits, another about what it looks like. This activity is then about sharing information and putting it together. It provides a context for developing your summarising skills, since each group of experts must decide on the key points you are later going to share with others. There are some similarities to the **Gallery Walk**.

Mediation

Does not mean translation at all – the idea is to transform information or messages from one language into another – usually from German into English, in order to enable somebody not fluent in that particular language to understand a certain content. So, every mediation needs an addressee and a context. You can proceed in three steps:

1. **Situation**: What kind of context does the communication at hand have? Who is talking/writing to whom and why? What text type (email, restaurant menu, advertisement, report) is to be transferred into the other language?
2. **Rendering**: Will you speak or write? What kind of information does the person you address need? Are there special questions to be addressed? How can you make sure that the content gets across successfully?
3. **Selecting and paraphrasing**: Identify the necessary information in the original. What aspects (culturally distinct or different) need to be explained in some detail? How can you express the relevant information in English, for instance by paraphrasing? What can be left out?

Peer-group correction

Students check on their own writings and those of their tandem partners or other classmates in a structured process, correcting language mistakes and looking for good and convincing content. The aim is not to find as many mistakes as possible swivelling your red pen! Rather, feedback is friendly and supportive and enables second and better drafts of writing. If in doubt, consult your teacher or discuss issue in plenary. This strategy needs some prior experience.

Pictionary

Sometimes also called "power dictionary" – uses a combination of pictures and other visuals with explanations of new words and/or phrases. You can get started by finding pictures to illustrate any of the word banks, or you start the other way round and make a collection of pictures/visuals, including cartoons, to then find definitions and connected explanations. The combination of pictures and word explanations not only enhances learning of new vocabulary, but also help organize new language in everyday domains like "in town" – "in the countryside" – "on mountains" – "at the seaside" – "sports" – "leisure time" etc. Available topics are almost without limit, and you can later draw on your own collection. From time to time, invite your teacher to have a look in terms of correct language and appropriate visuals.

Placemat activity

In groups of four, you use a large sheet of paper and draw lines as shown below. On this placemat each group member writes down answers to the question at hand (only use key words). No discussion involved at this stage. In a second step, you negotiate which common solution is entered in the centre of the placemat.

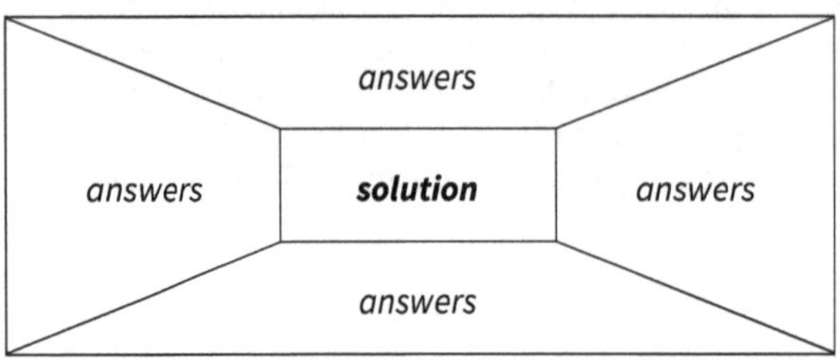

Podcast – in ten steps:

1. Prepare software (garage band, e.g. http://garageband.soft32.com/free-download/; last accessed April 2016) and hardware (smart phone) and revise your IT skills.
2. Decide on purpose, target group and publication; give your podcast a telling name.
3. Brainstorm topics in groups.
4. For script/content production, work in tandems and compare results in plenary.
5. In a draft system, write rough scripts.
6. As in a play rehearsal, practice recording the content a few times.
7. Selection of music and other sound effects like animal calls or nature noises should fit in with your topic.
8. Record the content.
9. Edit recording using appropriate software (like in 1).
10. Post podcast to designated location (school radio, website etc) and advertise podcast availability to your peers.

Reciprocal Teaching

In a 4-step-approach you can fine tune your reading comprehension and interact with your peers and/or teacher. In groups of four, you can subdivide a given text into say three parts and then you would take the role of questioner, summariser, clarifyer and predictor. This is what you do:

1. Questioning: team member No 1 is posing questions on the text from simple to complex;
2. Summarising: No 2 is doing an oral summary of the text using precision and correction;
3. Clarifying: No 3 is explaining difficult text passages with evaluation in your group;
4. Predicting: No 4 is guessing what the next text part will be about by complementing and informed guessing.

It is part of Direct Instruction with the teacher as activator and not facilitator; scaffolding will be needed and you should arrange this activity as a role play. In this way you become your own teacher eventually (based on Hattie 2009, *Visible Learning*).

Six notions of Scaffolding

Scaffolding gives you structure in working on tasks, following six steps or notions:

6 notions of scaffolding	**tools for scaffolding**
What is the context of the given task? Which issues or problems are to be solved?	Using a worksheet compass; select and negotiate.
Study challenging texts and other (digital) materials.	You discover and explore or research the issue/problem.
What are success criteria? How can you show you have solved the problem?	Using teacher-student dialogue; implementing formative (during the task) and summative (after the task) feedback.
Entering task cycle 1 (guided learning).	Using task verbs (*Operatoren*); breaking task in smaller, manageable parts, using think-alouds and verbalizing thought process, cues and prompts, modelling and worked examples, skimming & scanning; focus on form (aka form follows function).

6 notions of scaffolding	tools for scaffolding
Entering task cycle 2 (experiential learning).	Activating your background knowledge; engaging in cooperative team work, dialogue among peers; research and self-assessment; reflecting the learning process.
Winding up and transfer.	Follow up in a target activity: putting together what you have learned; presentation of results; summative assessment.

You can also be guided by three basic questions, working like a compass:
Where am I going? How am I going? Where to next?

Skimming and Scanning

Skimming is used to get an overview of the text at hand. You do not need to understand every detail and can often ignore words unknown to you. Just write down key words to understand the gist (*Kernaussage*).
Scanning is a technique useful for finding special information in a text. Like in a computer scan, you may search the text for key words or particular details. They enable you to focus on the required information and make quick reading possible.

Think-pair-share

A universal learning strategy to replace older forms of teaching like the infamous "question-answer-question" chains in a teacher centred classroom. It allows you more time for your own thinking, cooperative learning and plenary negotiation; it also gives you more speaking time. The three steps are:

1. think: You work on your own and deal with the issue at stake first by yourself; could be a problem, the start of a project, even some grammar item. Cues from your teacher would be for you to spend a few minutes on brainstorming, think about the question …, jot down some ideas.
2. pair: With a partner you swop the results of your think-phase and then negotiate a joint version to be presented to the whole group. Discuss ideas and collect them on a list.
3. share: You summarise and share your results with your class. Feedback is given in a friendly and supportive way, rather than picking on mistakes.

Word bank (aka electronic dictionary)

Not allowed in every classroom; but if available (e. g. as "dictionary – dict.cc" or "linguee") very fast tool on your smart phone to establish meaning. In the case of linguee, additionally to your usual definitions and explanations of words, you will find lots of examples of how to use a particular word in context (aka language corpus). The advantages of eds, apart from finding unknown words in high speed, are that you can easily scroll down for further meaning, find abbreviations, switch languages and download contents to add to your word banks.

Writing Multiple-Choice Questions (aka quiz)

In the Learning Network (New York Times Lesson Plans (http://learning.blogs.nytimes.com/category/lesson-plans/?_r=0; last accessed April 2016) very often there is a focus on academic skills, one of them – in best American teaching and testing tradition – being multiple choice questions; but this time you are the one to write these questions and the others to answer them.

Writing questions for each other is a great way to learn about new subjects, get some practice in doing **quizzes** and get familiar with the testing process. You become aware of how tests are constructed and by working together in a group you get immediate feedback, become more involved in the learning process and more comfortable with tests.

Good multiple-choice questions have the following:

- a stem, presenting the question to be answered by students or the problem at hand;
- three incorrect answers, or distractors to the question or problem in the stem;
- one correct response called the key;
- four total possible answers to the question labelled A, B, C and D.

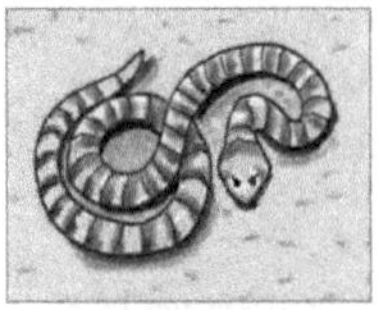

"Aussie" Snakes and Ladders

Australia has its own football – played according to Australian National Rules ("Aussie" Rules). And we have our own *Snakes and Ladders game* SETTLEMENT.

Age: 6 to 96
Number of players: one to six
You need up to six markers, one dice and **event cards.** A.........

The aim of the game is, of course, to reach *Melbourne Gaol* first, where you are invited to a free virtual tour of Victoria's capital (the internet address is important for the final question). But don't get it wrong! As in ordinary *Snakes and Ladders* you go *down under* or *up over* . If you score six you can throw the dice again – but only once. You then move the number of points shown on the dice.

Part of the fun is to push out the other player when you land on their number. They then have to start at the beginning again.

Landing on one of the *event spaces* can either be good or bad for you. If you know the correct answer to the *event questions* (from A to Q), you can move on ten more numbers. If you land on the final *event space* you go straight to *Melbourne Gaol*. A wrong answer means you have to miss a turn.

Before you start, read the AUSTRALIA Text carefully. Then you will know the answers to the questions on the *event cards* (most of them, anyway). TIP: The first letters are given on the back of the cards. Once the *event cards* are finished on the stack, reshuffle them and use them again.

And now have fun! And remember – *if you never never go, you will never never know!*

Bitte schneiden Sie die *event cards* zeilenweise aus, knicken sie um und kleben sie zusammen. Sie erhalten so 18 Karten, die auf der Vorderseite einen Buchstaben haben und auf der Rückseite eine Frage.

A..............	Where can you go with *Ansett?*
B..............	Name the capital of Queensland.
C..............	What does the *Great Barrier Reef* mainly consist of?
D..............	What is the Australian currency?
E..............	Which bird on the Australian crest cannot fly, but has very large eggs?
F..............	What was the first name of Australia's most famous (German) ecologist in the 19th century?
G..............	The name of the route on the Southern Ocean, famous for many shipwrecks?
H..............	In this town, in northern Victoria, many German settlers started a new life in Australia.
I..............	*Aborigines* the first settlers in Australia are called...?
J..............	In reality, *Melbourne Gaol* used to be a big...?
K..............	This animal only looks like a teddy bear.
L..............	If you wanted to find gold in Australia, you needed a lot of...?
M..............	This city is the capital of Victoria.
N..............	*Down under* everything seems to be upside down: Where is the warmest place on the continent?
O..............	Something special will happen in Sydney in the year 2000.
P..............	Lovely stamps of kangaroos and coalas are available from?
Q..............	Why is *Qantas* spelled without a *u*?
Final Question	What do Internet addresses in Australia end with?

EVENT SPACE
33
34
35
36
FISHING NETS DESTROYED
CALVES BORN
32
31
30
29
STORE HOUSE BURNT DOWN
FRUIT FOUND
17
18
19
20
ANIMALS STRAY
BOAT REPAIRED
16
15
14
13
START
1
2
MORE CONVICTS – GO BACK TO START
3
4

FISHING BOAT WRECKED
37
STORM DESTROYS CROP
38
39
SUCCESS!
MELBOURNE GAOL
ANSWER FINAL QUESTION
GOOD FISHING SPOT
28
27
EVENT SPACE
26
SUMMER CROP FAILS
25
21
VERY DRY SEASON
22
23
24
EVENT SPACE
12
STORE SHIP ARRIVES
11
10
GOOD HARVEST
9
GOOD RAINFALL
5
6
EVENT SPACE
7
8